THE USBORNE FIRST THOUSAND WORDS IN JAPANESE

With easy pronunciation guide

Heather Amery
Illustrated by Stephen Cartwright
Revised edition edited by Nicole Irving
and designed by Andy Griffin
Japanese language consultants:
Joyce Jenkins, Tomoko Taguchi-Boyd and Kayoko Yokoyama

With thanks to Ian Way

About *kana* signs

The words in this book are written in simple Japanese signs, called *kana*. Each *kana* represents a syllable. (A syllable is part of a word that is a separate sound, for example, "today" has two syllables: "to" and "day".)

Below you can see all the *kana* signs and find out which sound they represent. There are also lots of tips to help you make these sounds like a Japanese person.

Japanese has two sets of *kana* signs. *Hiragana* signs are used for the traditional sounds of Japanese. *Katakana* signs are used for words that Japanese has borrowed from other languages, such as "taoru", borrowed from the English word "towel".

Next to each *kana*, you can see a guide to how it is said. In the book, each Japanese word is shown in the same way, that is, in *kana* with a pronunciation guide based on the guides on this page.

Hiragana

あ a	い i	う u	え e	お o
か ka	き ki	く ku	け ke	こ ko
が *ga*	ぎ *gi*	ぐ *gu*	げ *ge*	ご *go*
さ sa	し shi	す su	せ se	そ so
ざ *za*	じ *ji*	ず *zu*	ぜ *ze*	ぞ *zo*
た ta	ち chi	つ tsu	て te	と to
だ *da*		づ *zu*	で *de*	ど *do*
な na	に ni	ぬ nu	ね ne	の no
は ha	ひ hi	ふ fu	へ he	ほ ho
ば *ba*	び *bi*	ぶ *bu*	べ *be*	ぼ *bo*
ぱ *pa*	ぴ *pi*	ぷ *pu*	ぺ *pe*	ぽ *po*
ま ma	み mi	む mu	め me	も mo
や ya		ゆ yu		よ yo
ら ra	り ri	る ru	れ re	ろ ro
わ wa				を (w)o
ん n				

Katakana

ア a	イ i	ウ u	エ e	オ o
カ ka	キ ki	ク ku	ケ ke	コ ko
ガ *ga*	ギ *gi*	グ *gu*	ゲ *ge*	ゴ *go*
サ sa	シ shi	ス su	セ se	ソ so
ザ *za*	ジ *ji*	ズ *zu*	ゼ *ze*	ゾ *zo*
タ ta	チ chi	ツ tsu	テ te	ト to
ダ *da*		ヅ *zu*	デ *de*	ド *do*
ナ na	ニ ni	ヌ nu	ネ ne	ノ no
ハ ha	ヒ hi	フ fu	ヘ he	ホ ho
バ *ba*	ビ *bi*	ブ *bu*	ベ *be*	ボ *bo*
パ *pa*	ピ *pi*	プ *pu*	ペ *pe*	ポ *po*
マ ma	ミ mi	ム mu	メ me	モ mo
ヤ ya		ユ yu		ヨ yo
ラ ra	リ ri	ル ru	レ re	ロ ro
ワ wa				ヲ (w)o
ン n				

In the two lists above, the lines of slanted letters *(like these)* are based on the lines above them. As you can see, to make the new set of sounds, you just add a little mark to the top set of *kana* (ひ becomes び or ぴ).

Pronunciation tips

Here are a few tips that will help you to say the *kana* signs above in a really Japanese way.

Wherever the pronunciation guide shows **a**, say this like the "a" in "father";

say **i** like the "ee" in "meet";

say **u** like the "u" (or the "oo") in "cuckoo";

say **e** like the "e" in "end";

say **o** like the "o" in "corn".

When you see a line over a letter in the pronunciation guide (for example **ō**), this shows the sound is long.

For other letters, say them as if they were part of an English word, but remember these tips:

when you see **r**, say it as a soft "r" sound, halfway between an "l" and an "r";

when you see **g**, say it as in "garden";

the **(w)o** sound is shown with the "w" in brackets because you sometimes say "wo", and sometimes just "o". In this book, the pronunciation guide for each word will make it clear which sound to make;

the **fu** sound is halfway between "foo" and "hoo"

the **n** sound on its own (at the bottom of each list) is a nasal "n" sound, made as if you had a cold.

In English, many words have a part that you stress, or say louder. For example, in the word "daisy", you stress "dai". In Japanese, you say each part of the word with the same stress.

On every big picture across two pages,
there is a little yellow duck to look for.
Can you find it?

About this book

This book is for everyone who is starting to learn Japanese, and for anyone who wants to know something about the language. By looking at the small, labeled pictures, it will be easy to learn the words. You can also look at the large central picture and try to recall words for things. This helps words to stick in your mind, and it is also fun. Seeing things in a scene will also help you to remember them.

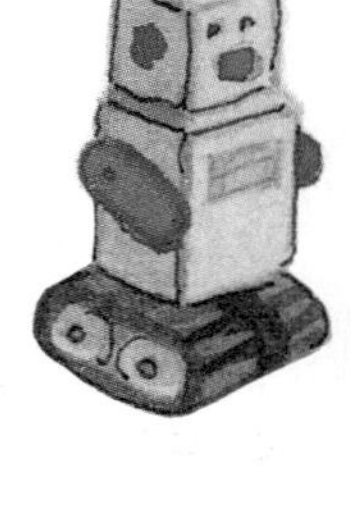

Looking at Japanese words

You will see that Japanese words are written with special signs. You can find out about these below and on the opposite page. It will take you a little time to learn Japanese signs, so to help you, each label in this book also shows the Japanese word in our alphabet.

Saying Japanese words

If you know someone who can speak Japanese, the best way to learn how to say Japanese words is to listen to them and repeat what you hear. To help you, though, throughout this book, you will find an easy how-to-say guide for each Japanese word. To be sure that you get the best results from these guides, look at the pronunciation tips on the opposite page.

Writing from right to left and top to bottom

Traditionally, Japanese is written from right to left and top to bottom. This means you start a book at what we call the back. In this book, everything is written from left to right, just as in English.

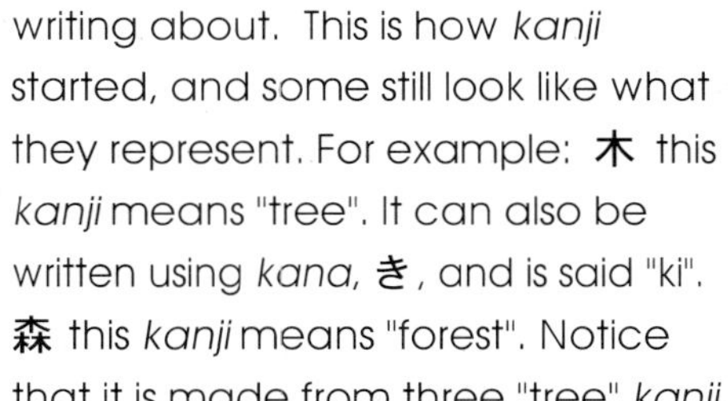

About *kanji*

The Japanese signs used in this book (see the page opposite) are called *kana*, and they are based on sounds. They are simple signs that you use when you first learn Japanese. Normally, they are used mixed in with some other, more complicated signs, called *kanji* or "characters". Each *kanji* represents a word or an idea.

When people first started to write, they used simple pictures of things to show what they were writing about. This is how *kanji* started, and some still look like what they represent. For example: 木 this *kanji* means "tree". It can also be written using *kana*, き, and is said "ki". 森 this *kanji* means "forest". Notice that it is made from three "tree" *kanji*.

There are many *kanji*. To read a newspaper, you have to know around 2000. It takes a few years to learn them, so it is best to start with *kana*, learning a few of these at a time.

うち uchi

おふろ ofuro

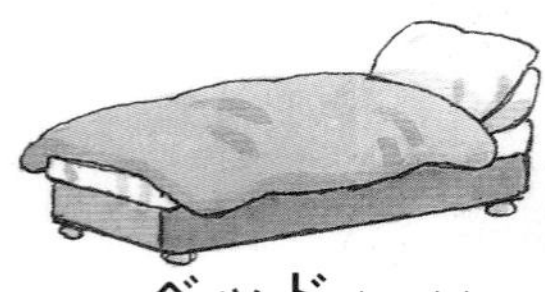
ベッド beddo

せっけん sekken

じゃぐち jaguchi

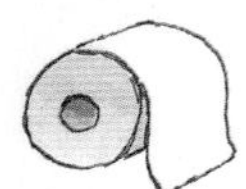
トイレット・ペーパー
toiretto-pēpā

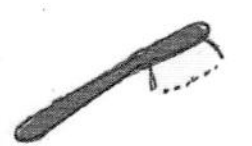
ハブラシ ha-burashi

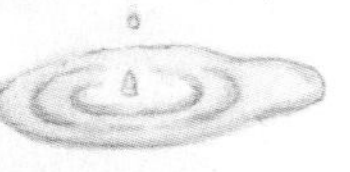
みず mizu

トイレ toire

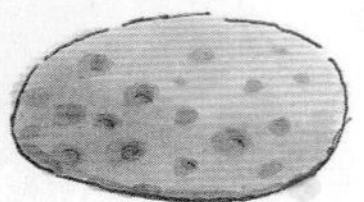
スポンジ suponji

せんめんだい senmendai

シャワー shawā

よくしつ yokushitsu

いま ima

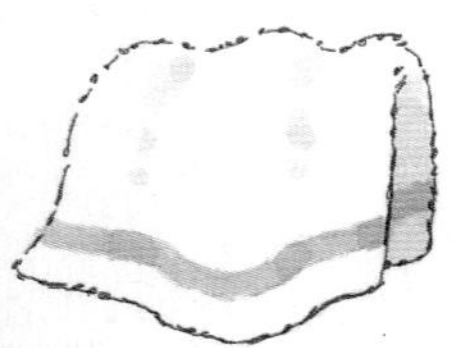
タオル taoru

はみがきこ
hamigakiko

ラジオ rajio

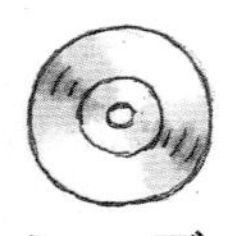
クッション
kusshon

シーディー
shiidii

じゅうたん
jūtan

ソファー sofā

いす isu

かけぶとん kakebuton

くし kushi

シーツ shiitsu

しきもの shikimono

ようふくだんす yōfuku-dansu

まくら makura

しんしつ
shinshitsu

たんす tansu

かがみ kagami

ブラシ burashi

げんかん
genkan

ランプ ranpu

え e

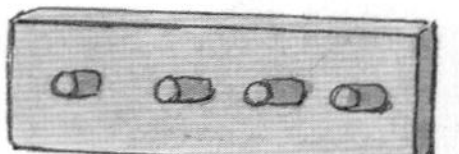

ぼうしかけ bōshi-kake

でんわ denwa

ラジエーター rajiētā

ビデオ bideo

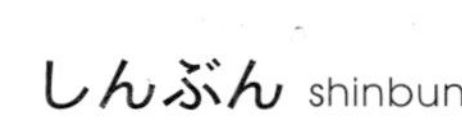

しんぶん shinbun

テーブル tēburu

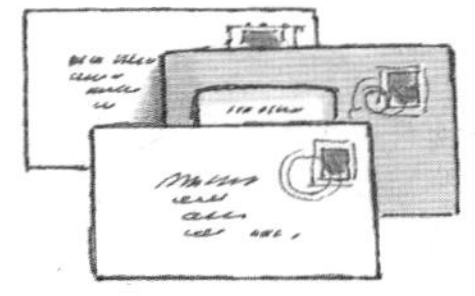

てがみ tegami

かいだん kaidan

だいどころ daidokoro

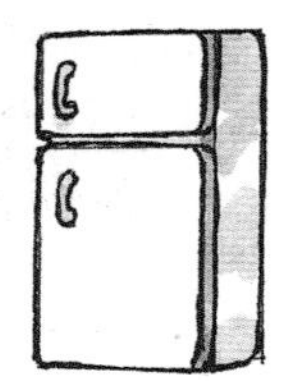

れいぞうこ reizōko

コップ koppu

とけい tokei

こしかけ koshikake

こさじ kosaji

スイッチ suitchi

せんざい senzai

かぎ kagi

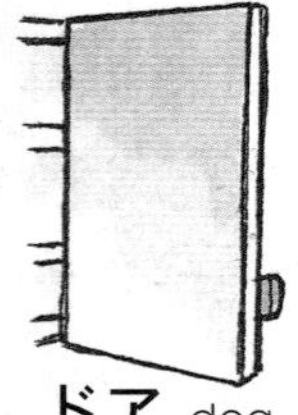

ドア doa

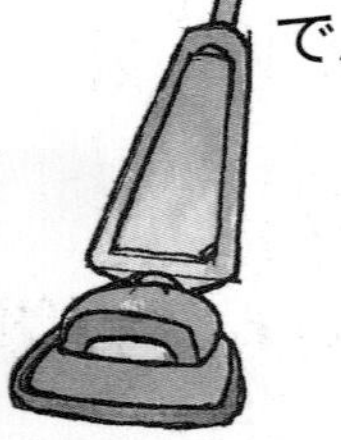

ながし nagashi

でんきそうじき denki-sōjiki

なべ nabe

フォーク fōku

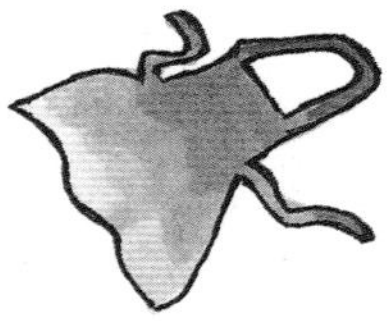

エプロン epuron

アイロンだい airon-dai

ごみ gomi

やかん yakan

ナイフ naifu

モップ moppu

はたき hataki

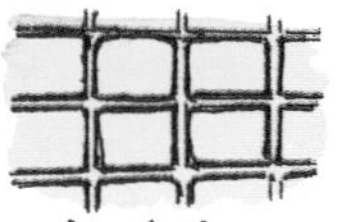

タイル tairu

ほうき hōki

せんたくき sentakuki

ちりとり chiritori

ひきだし hikidashi

うけざら ukezara

フライパン furaipan

レンジ renji

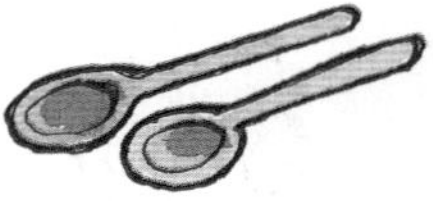
スプーン supūn

おさら osara

アイロン airon

しょっきだな shokki-dana

ふきん fukin

コーヒーカップ kōhii-kappu

マッチ matchi

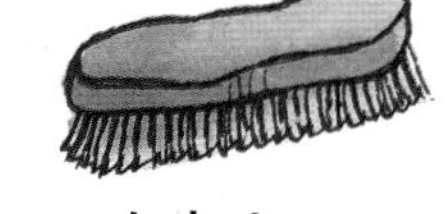
たわし tawashi

おわん owan

にわ niwa

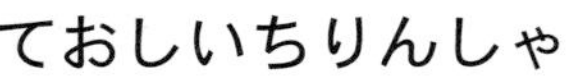

ておしいちりんしゃ
te-oshi-ichirinsha

みつばちのす
mitsubachi no su

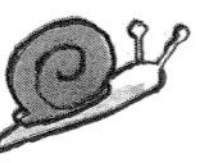

かたつむり katatsumuri

れんが renga

はと hato

すき suki

てんとうむし tentō-mushi

ごみいれ gomi-ire

たね tane

じょうろ jōro

こや koya

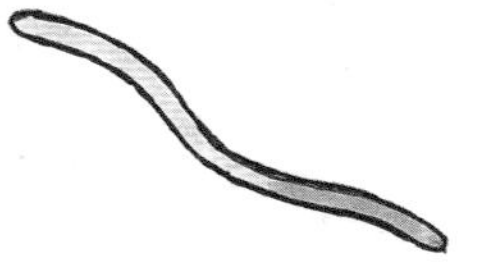

みみず mimizu

はな hana

スプリンクラー
supurinkurā

くわ kuwa

すずめばち
suzume-bachi

みつばち mitsubachi

シャベル shaberu

ほね hone

かきね kakine

またぐわ mataguwa

しばかりき shibakariki

こみち ko-michi

は ha

き ki

けむり kemuri

けむし kemushi

くまで kumade

とりのす tori no su

ぼう bō

くさ kusa

うばぐるま ubaguruma

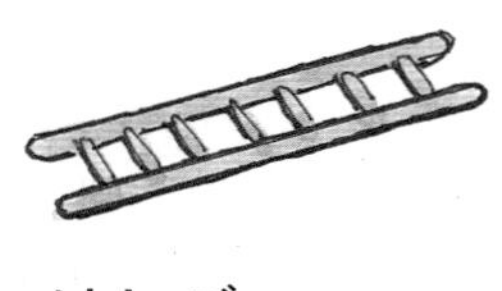

はしご hashigo

たきび takibi

ホース hōsu

おんしつ onshitsu

さぎょうば sagyōba

まんりき manriki

ねじ neji

かみやすり kami-yasuri

ドリル doriru

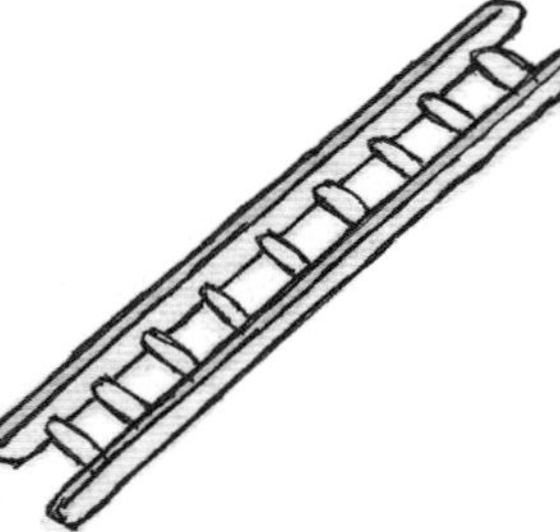
はしご hashigo

のこぎり nokogiri

おがくず ogakuzu

カレンダー karendā

どうぐばこ dōgu-bako

スクリュードライバー sukuryū-doraibā

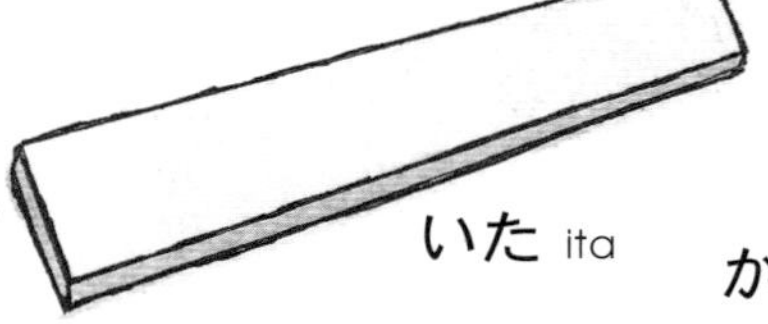

いた ita

かんなくず kanna-kuzu

ペンナイフ pen-naifu

びょう byō

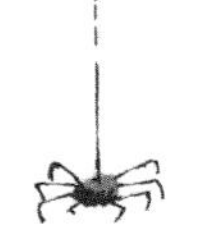

くも kumo

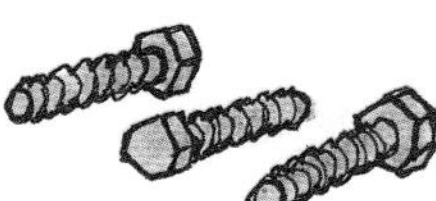

ボルト boruto

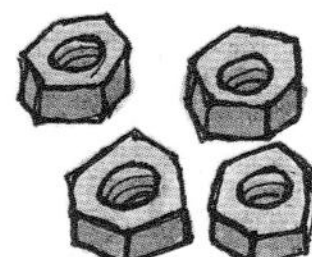

おやねじ oya-neji

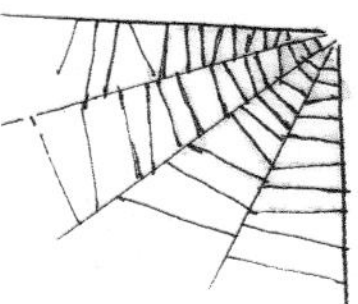

くものす kumo no su

たる taru

はえ hae

おの ono

まきじゃく makijaku

ハンマー hanmā

やすり yasuri

かんペンキ kan-penki

かんな kanna

ざいもく zaimoku

くぎ kugi

さぎょうだい sagyōdai

びん bin

とおり tōri

みせ mise

あな ana

きっさてん kissaten

きゅうきゅうしゃ
kyūkyūsha

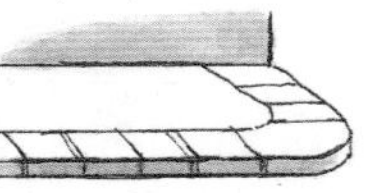

ほどう hodō

アンテナ antena

えんとつ entotsu

やね yane

しゅんせつき
shunsetsuki

ホテル hoteru

バス basu

おとこ otoko

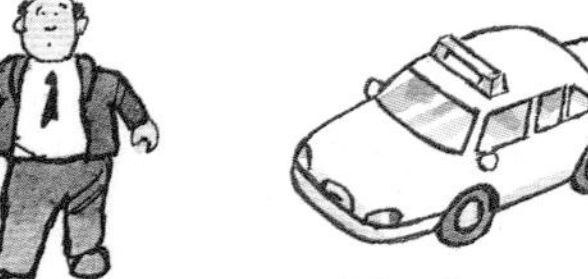
パトカー patokā

パイプ paipu

ドリル doriru

がっこう
gakkō

うんどうじょう
undō-jō

タクシー takushii

おうだんほどう ōdan-hodō

こうじょう kōjō

トラック torakku

こうつうしんごう kōtsū-shingō

えいがかん eiga-kan

ライトバン raito-ban

ローラー rōrā

トレーラー torērā

いえ ie

いちば ichiba

ふみだん fumidan

オートバイ ōtobai

じてんしゃ jitensha

しょうぼうしゃ shōbō-sha

けいかん keikan

くるま kuruma

おんな onna

がいとう gaitō

アパート apāto

おもちゃや omochaya

きしゃセット kisha-setto

ハーモニカ hāmonika

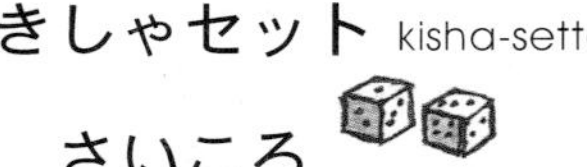

さいころ saikoro

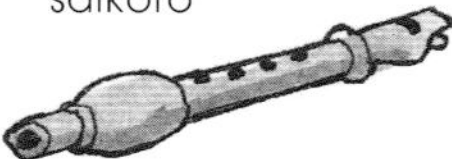

レコーダー rekōdā

ロボット robotto

ドラム doramu

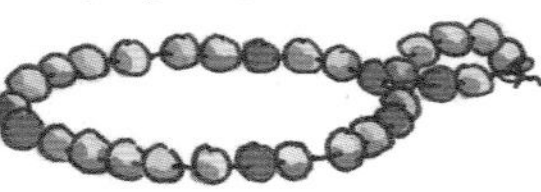

ネックレス nekkuresu

カメラ kamera

ビーズ biizu

にんぎょう ningyō

ギター gitā

ゆびわ yubiwa

にんぎょうのいえ ningyō no ie

ふえ fue

つみき tsumiki

おしろ o-shiro

せんすいかん sensuikan

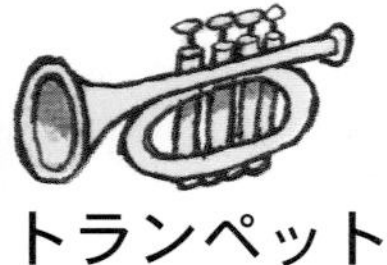

トランペット toranpetto

や ya

ゆみ
yumi
パラシュート
parashūto
ボート bōto
フェイスペイント
fueisu-peinto
ローラー rōrā
おめん
omen
レーシングカー
rēshingu-kā
もくば mokuba
ちょきんばこ
chokin-bako
ビーだま bii-dama
あやつりにんぎょう
ayatsuri-ningyō
ピアノ piano
うちゅうひこうし
uchū-hikōshi
クレーン kurēn
ねんど nendo
てっぽう teppō
へいたい heitai
えのぐ enogu
ロケット roketto

こうえん kōen

ぶらんこ buranko

ベンチ benchi

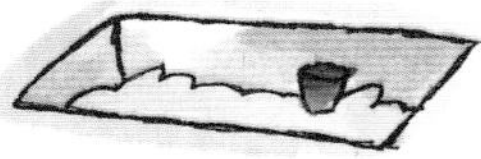

すなば sunaba

ピクニック pikunikku

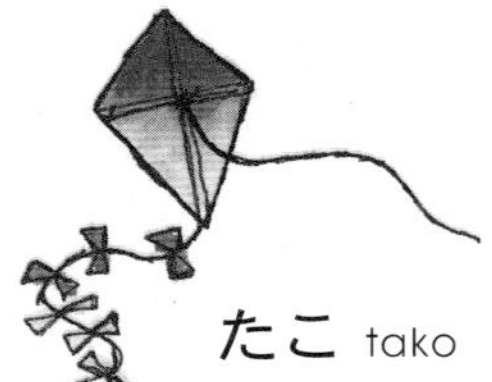

たこ tako

アイスクリーム
aisukuriimu

いぬ inu

もん mon

こみち ko-michi

かえる kaeru

すべりだい
suberidai

おたまじゃくし
otamajakushi

いけ ike

ローラースケート rōrā-sukēto

やぶ yabu

あかんぼう akanbō

スケートボード sukētobōdo

つち tsuchi

ておしぐるま te-oshi-guruma

シーソー shiisō

こども kodomo

さんりんしゃ sanrinsha

とり tori

さく saku

まり mari

ヨット yotto

いと ito

みずたまり mizu-tamari

こがも ko-gamo

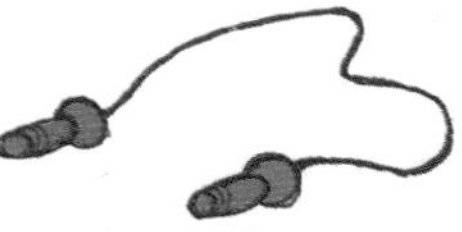
なわとび nawatobi

き ki

かだん kadan
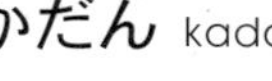

はくちょう hakuchō

ひきひも hikihimo

かも kamo

どうぶつえん dōbutsuen

つの tsuno
しか shika
らくだ rakuda
あざらし azarashi
しろくま shiro-kuma
かめ kame
ぞうのはな
zō no hana
ぞう zō
さい sai
やぎゅう yagyū
ビーバー biibā
しまうま shima-uma
やぎ yagi
へび hebi
さめ same
くじら kujira
とら tora
ひょう hyō

りょこう ryokō

せんろ senro

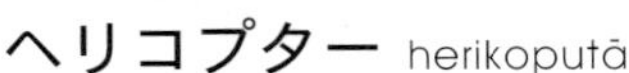
ヘリコプター herikoputā

エンジン enjin

かんしょうき
kanshōki

きゃくしゃ kyakusha

うんてんしゅ untenshu

かしゃ kasha

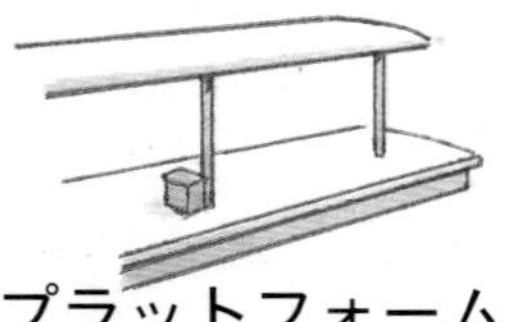
プラットフォーム
puratto-hōmu

しゃしょう shashō

スーツケース sūtsukēsu

じょうしゃけんはんばいき
jōshaken-hanbaiki

えき eki

ガソリンスタンド gasorin-sutando

しんごう
shingō

リュックサック
rukkusakku

ヘッドライト
heddo-raito

エンジン enjin

しゃりん sharin

でんち
denchi

ひこうき hikōki

スチュワーデス suchuwādesu

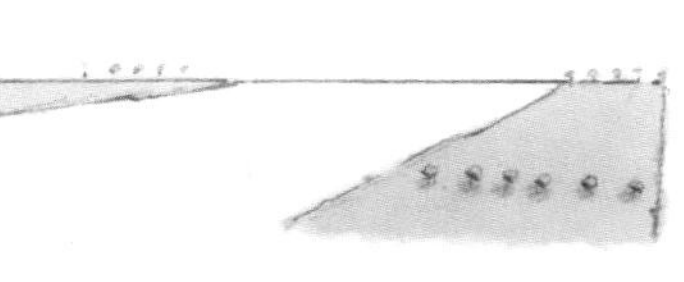

かっそうろ kassōro

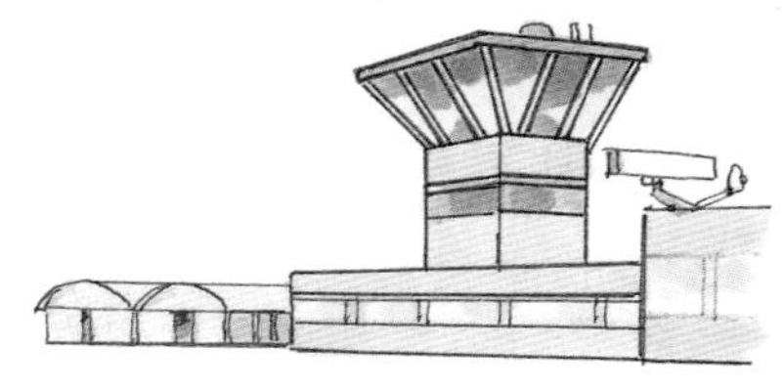

かんせいとう kanseitō

ひこうじょう hikōjō

スチュワード suchuwādo

パイロット pairotto

せんしゃ sensha

トランク toranku

ガソリン gasorin

レッカーしゃ rekkā-sha

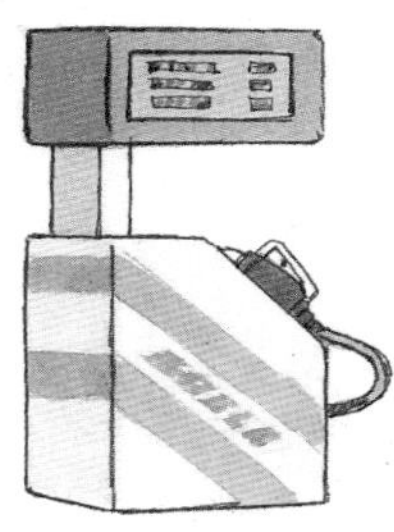

ガソリンポンプ gasorin-ponpu

ガソリンタンクローリー gasorin-tankurōrii

スパナ supana

タイヤ taiya

ボンネット bonnetto

オイル oiru

いなか inaka

ふうしゃごや
fūsha-goya

やま yama

ねつききゅう
netsu-kikyū

ちょうちょう chō-chō

とかげ tokage

いし ishi

きつね kitsune

おがわ ogawa

みちしるべ
michi-shirube

はりねずみ hari-nezumi

すいもん sui-mon

りす risu

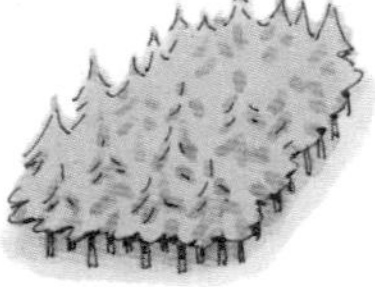

もり mori

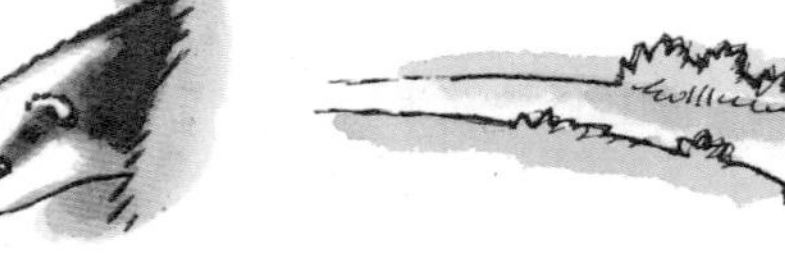

あなぐま anaguma

かわ kawa

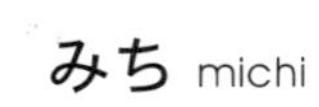

みち michi

テント tento
うんが unga
まるた maruta
むら mura
が ga
はし hashi
はしけ hashike
たき taki
ふくろう fukurō
トンネル tonneru
こぎつね kogitsune
もぐら mogura
つりびと tsuri-bito
いわ iwa
ひきがえる hikigaeru
でんしゃ densha
キャンピングカー
kyanpingu-kā
おか oka

ほしくさのやま
hoshikusa no yama

のうじょう nōjō

おんどり ondori

ぼくようけん
bokuyō-ken

あひる ahiru

こひつじ ko-hitsuji

いけ ike

ひよこ hiyoko

やねうら yane-ura

ぶたごや buta-goya

おうし o-ushi

あひるのこ ahiru no ko

にわとりごや
niwatori-goya

トラクター torakutā

がちょう gachō

タンクしゃ tanku-sha

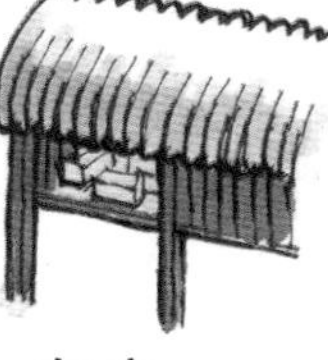

なや naya

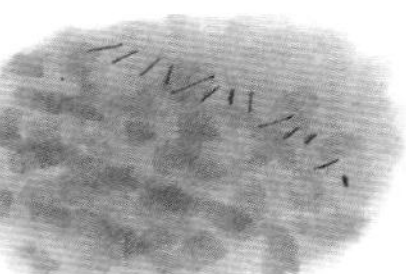

ぬかるみ
nukarumi

てぉしぐるま
te-oshi-guruma

のうふ nōfu

そうげん sōgen

めんどり mendori

こうし ko-ushi

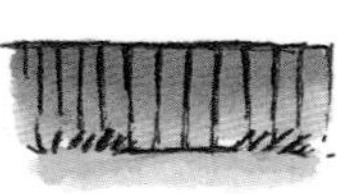

へい hei

サドル sadoru

うしごや ushi-goya

めうし me-ushi

すき suki

かじゅ kaju

うまごや uma-goya

こぶた ko-buta

ひつじかい hitsujikai

しちめんちょう shichimenchō

かかし kakashi

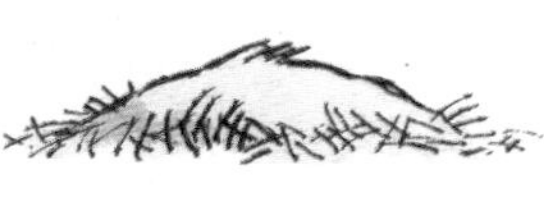

ほしくさ hoshi-kusa

ひつじ hitsuji

わらたば wara-taba

うま uma

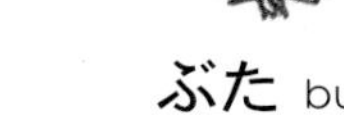

ぶた buta

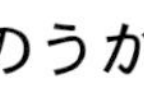

のうか nōka

うみべ umibe

はんせん hansen

かい kai

うみ umi

オール ōru

とうだい tōdai

シャベル shaberu

バケツ baketsu

ひとで hitode

すなのしろ suna no shiro

ビーチパラソル
biichi-parasoru

はた hata

せんいん senin

かに kani

かもめ kamome

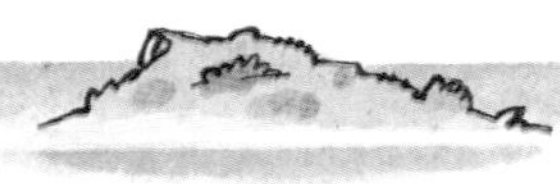
しま shima

モーターボート
mōtā-bōto

すいじょうスキー
suijō-sukii

なみ nami
なつのぼうし
natsu no bōshi
がけ gake
ふね fune
カヌー kanū
ロープ rōpu
こいし koishi
かいそう kaisō
あみ ami
みずかき mizu-kaki
つりぶね tsuri-bune
あしびれ ashi-bire
ろば roba
さかな sakana
みずぎ mizugi
オイルタンカー oiru-tankā
はまべ hamabe
ボート bōto
おりたたみいす
oritatami-isu

がっこう gakkō

はさみ hasami

こくばん kokuban

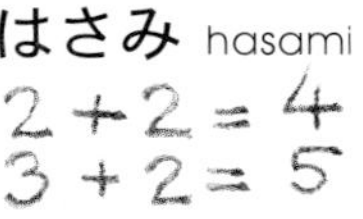

けいさん keisan

けしごむ keshigomu

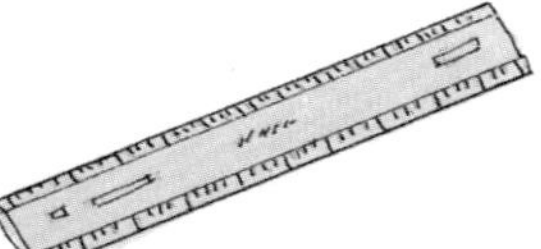

ものさし monosashi

しゃしん shashin

フェルトペン fueruto-pen

がびょう gabyō

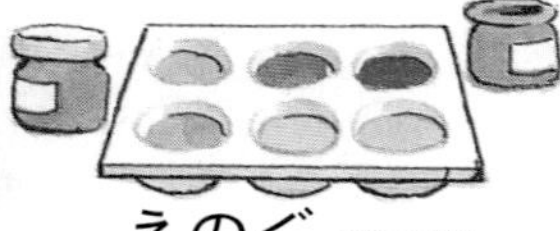

えのぐ enogu

おとこのこ otoko no ko

えんぴつ enpitsu

つくえ tsukue

ほん hon

ペン pen

のり nori

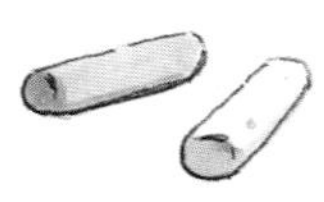

チョーク chōku

え e

ごみばこ gomibako

せんせい sensei

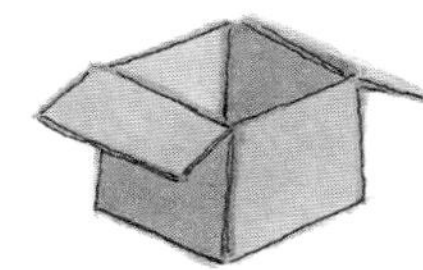

はこ hako

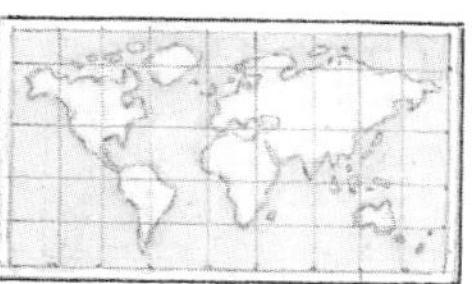

ちず chizu

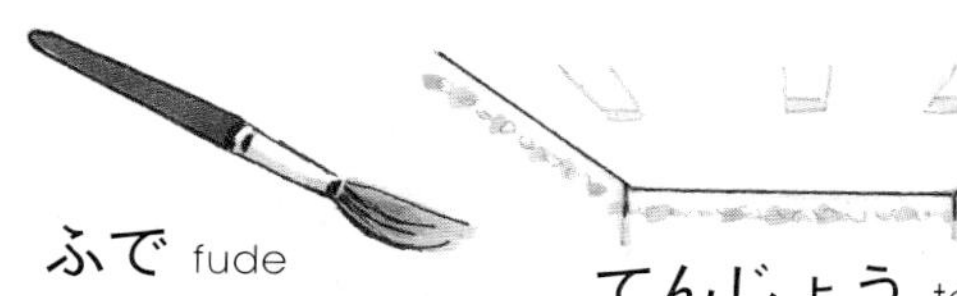

ふで fude

てんじょう tenjō

かべ kabe

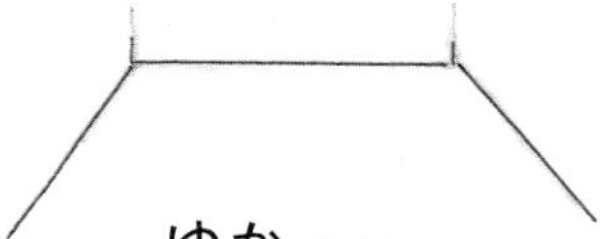

ゆか yuka

ノート nōto

abcdefg
hijklmn
opqrstu
vwxyz

アルファベット arufabetto

バッジ bajji

すいそう suisō

かみ kami

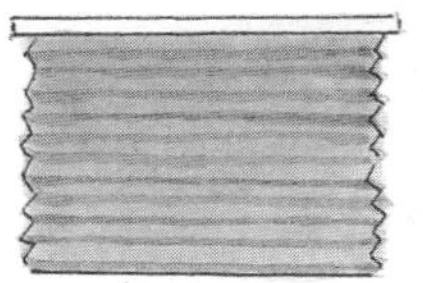

ブラインド buraindo

イーゼル iizeru

ドアのとって doa no totte

しょくぶつ shokubutsu

ちきゅうぎ chikyūgi

おんなのこ onna no ko

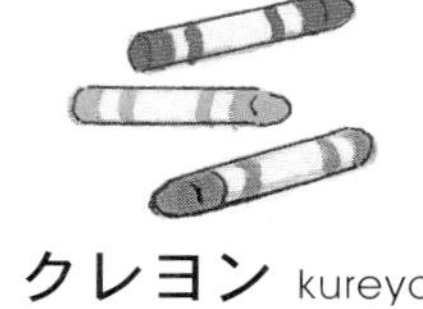

クレヨン kureyon

スタンド sutando

びょういん byōin

かんごふ kangofu

テディベア tedibea

りんご ringo

だっしめん dasshimen

くすり kusuri

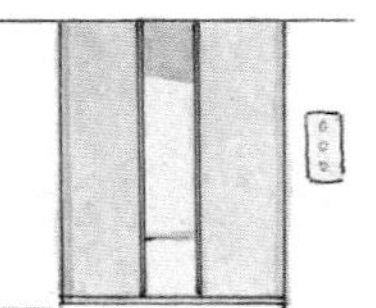

エレベーター erebētā

ガウン gaun

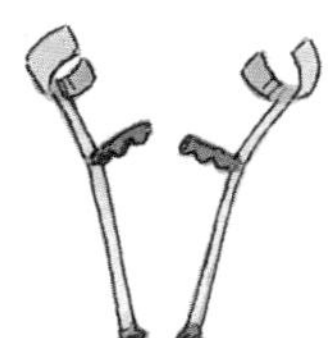

まつばづえ matsuba-zue

じょうざい jōzai

おぼん o-bon

うでとけい ude-dokei

たいおんけい taionkei

カーテン kāten

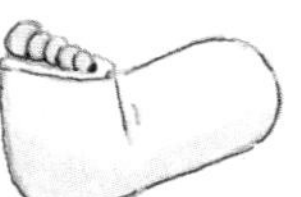

ギブス gibusu

ほうたい hōtai

くるまいす kuruma-isu

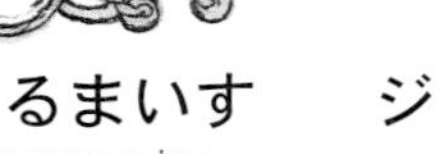

ジグゾーパズル jiguzō-pazuru

いしゃ isha

ちゅうしゃき chūshaki

いしゃ isha

スリッパ surippa

コンピューター
konpyūtā

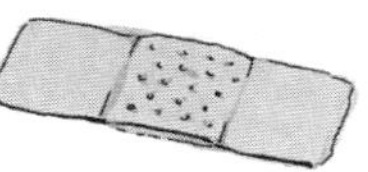
バンドエイド
bando-eido

バナナ banana

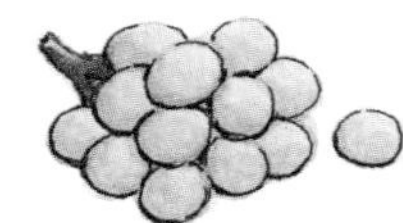
ぶどう budō

かご kago

おもちゃ omocha

なし nashi

カード kādo

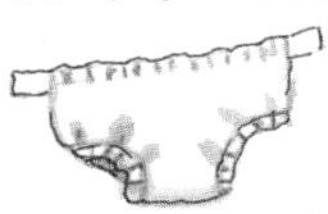
お-むつ omutsu

つえ tsue

テレビ terebi

ねまき nemaki

パジャマ
pajama

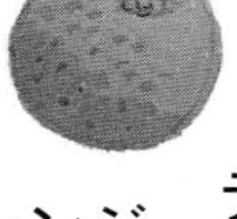

オレンジ
orenji

ティッシュ・ペーパー
tisshu-pēpā

まんが
manga

まちあいしつ
machiai-shitsu

パーティー pātii

プレゼント purezento

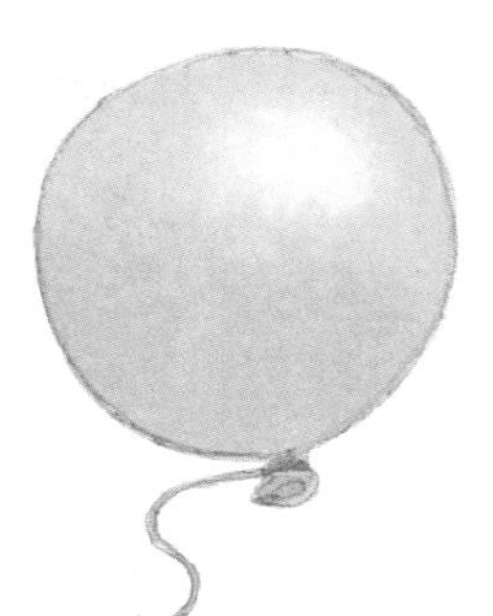

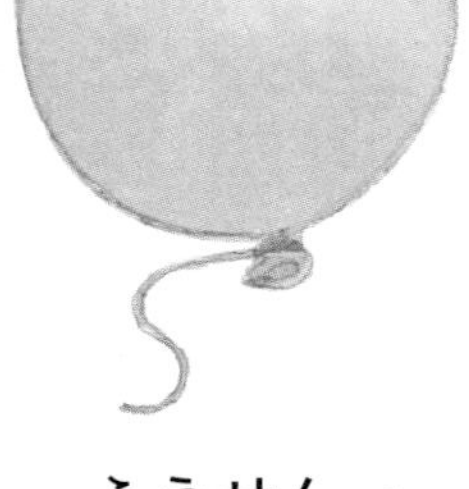

ふうせん fūsen

チョコレート chokorēto

おかし okashi

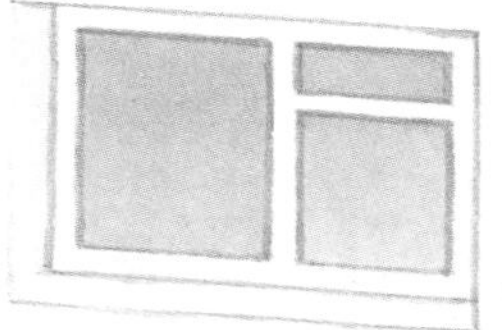

まど mado

はなび hanabi

リボン ribon

ケーキ kēki

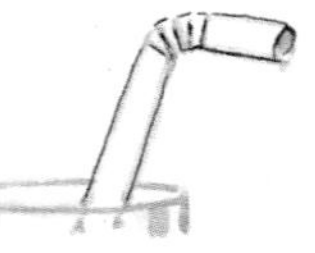

ストロー sutorō

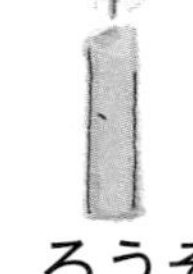

ろうそく rōsoku

かみくさり kami-kusari

おもちゃ omocha

みかん mikan

サラミ sarami

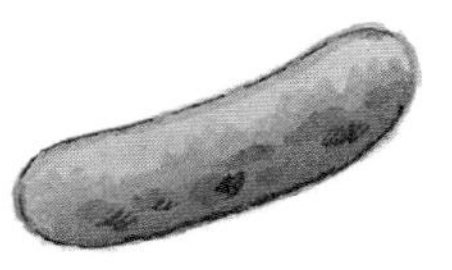

カセットテープ kasetto-tēpu

ソーセージ sōsēji

ポテトチップス poteto-chippusu

かそうふく kasō-fuku

さくらんぼ sakuranbo

フルーツジュース furūtsu-jūsu

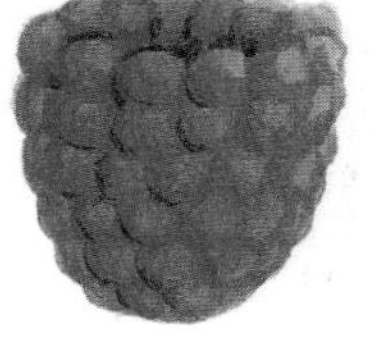

きいちご ki-ichigo

いちご ichigo

でんきゅう denkyū

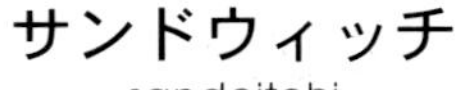

サンドウィッチ sandoitchi

バター batā

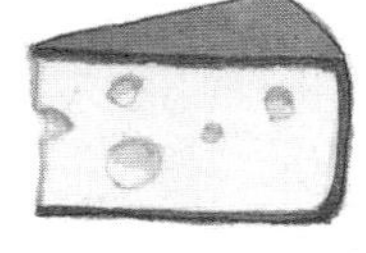

クッキー kukkii

チーズ chiizu

パン pan

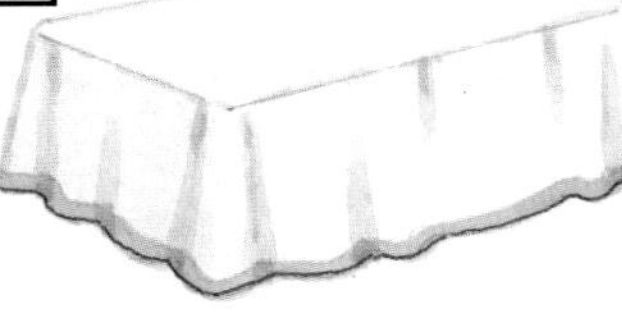

テーブルクロス tēburu-kurosu

おみせ omise

かいものぶくろ
kaimono-bukuro

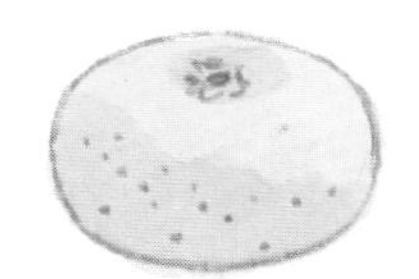

グレープフルーツ
gurēpu-furūtsu

にんじん ninjin

カリフラワー
karifurawā

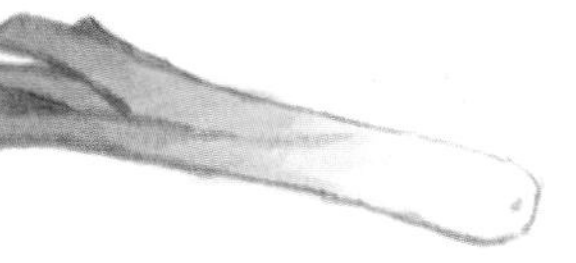

にら nira

マッシュルーム
masshurūmu

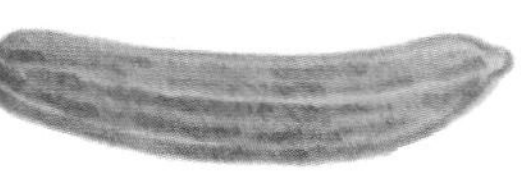

きゅうり kyūri

レモン remon

セロリ serori

アプリコット apurikotto

チーズ

くだもの と やさい

メロン meron

たまねぎ
tamanegi

キャベツ kyabetsu

もも momo

レタス retasu

さやえんどう
saya-endō

トマト tomato

たまご tamago

プラム puramu

こむぎこ komugiko

はかり hakari

びん bin

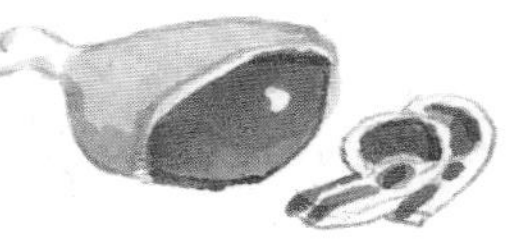

にく niku

パイン pain

ヨーグルト yōguruto

バスケット basuketto

ボトル botoru

ハンドバッグ hando-baggu

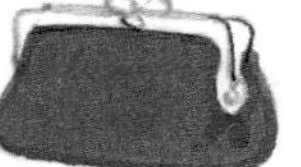

さいふ saifu

おかね o-kane

かんづめ kanzume

じゃがいも jaga-imo

ほうれんそう hōrensō

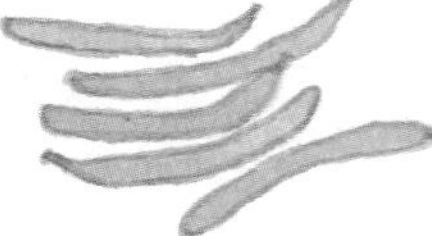

いんげん ingen

レジ reji

かぼちゃ kabocha

トロリー tororii

たべもの tabemono

あさごはん asa-gohan

ひるごはん hiru-gohan

ゆでたまご yude-tamago

トースト tōsuto

ジャム jamu

コーヒー kōhii

めだまやき medama-yaki

コーンフレーク kōn-furēku

ココア kokoa

クリーム kuriimu

ぎゅうにゅう gyūnyū

はちみつ hachimitsu

しお shio

こしょう koshō

さとう satō

こうちゃ kōcha

ティーポット tiipotto

ホットケーキ hotto-kēki

ロールパン rōru-pan

ばんごはん ban-gohan
ハム hamu
スープ sūpu
オムレツ omuretsu
サラダ sarada
はし hashi
ハンバーガー hanbāgā
とりにく tori-niku
ソース sōsu
ごはん gohan
スパゲッティー supagettii
マッシュポテト masshu-poteto
ピザ piza
フライドポテト furaido-poteto
デザート dezāto

わたし watashi

まゆげ mayuge

め me

はな hana

ほほ hoho

くち kuchi

くちびる kuchibiru

は ha

した shita

あご ago

みみ mimi

くび kubi

かた kata

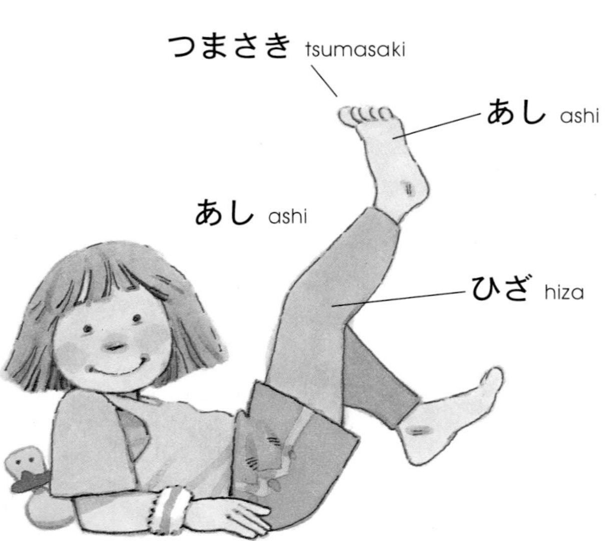

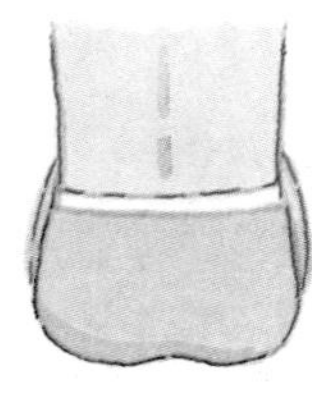

むね mune

せなか senaka

おしり oshiri

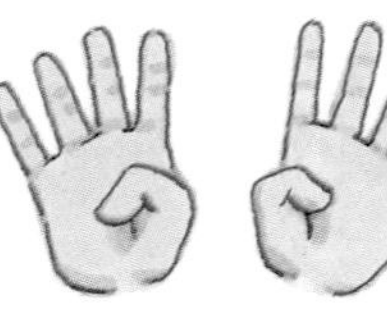

て te

おやゆび oya-yubi

ゆび yubi

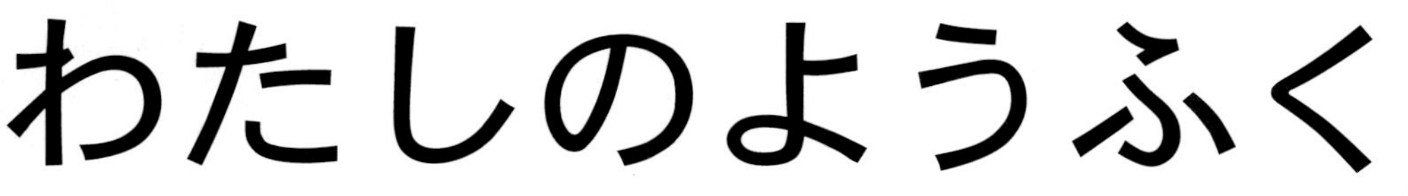

わたしのようふく watashi no yōfuku

ソックス sokkusu

パンツ pantsu

ランニングシャツ ranning-shatsu

ズボン zubon

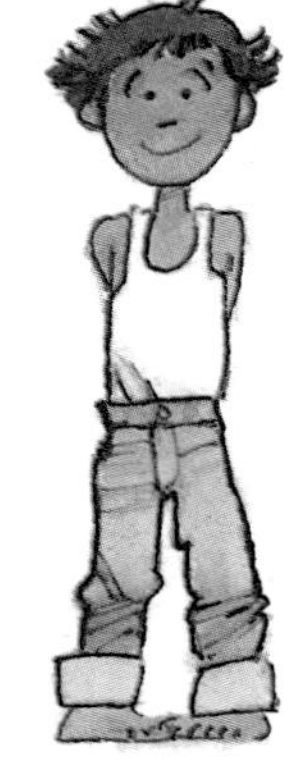

ジーパン jiipan

ティーシャツ tiishatsu

スカート sukāto

シャツ shatsu

ネクタイ nekutai

はんズボン hanzubon

タイツ taitsu

ドレス doresu

ジャンパー janpā

トレーナー torēnā

カーディガン kādigan

スカーフ sukāfu

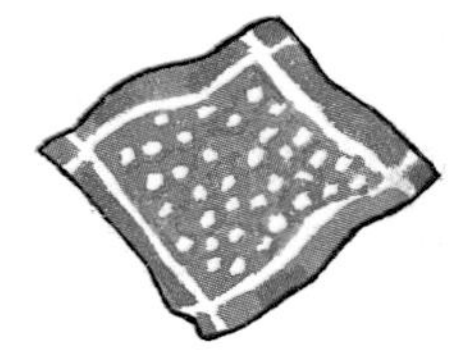

ハンカチ hankachi

スニーカー suniikā

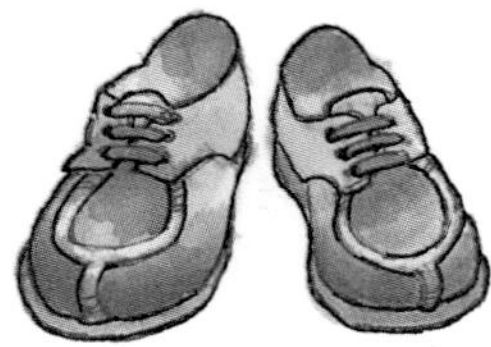

くつ kutsu

サンダル sandaru

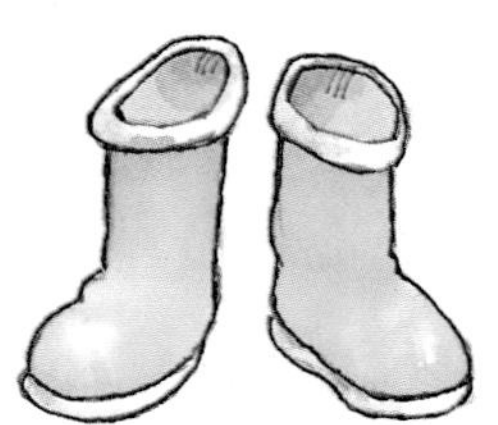

ブーツ būtsu

てぶくろ tebukuro

ベルト beruto

バックル bakkuru

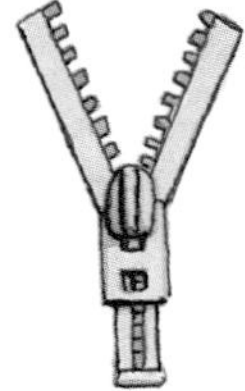

ジッパー jippā

くつひも kutsuhimo

ボタン botan

ボタンのあな botan no ana

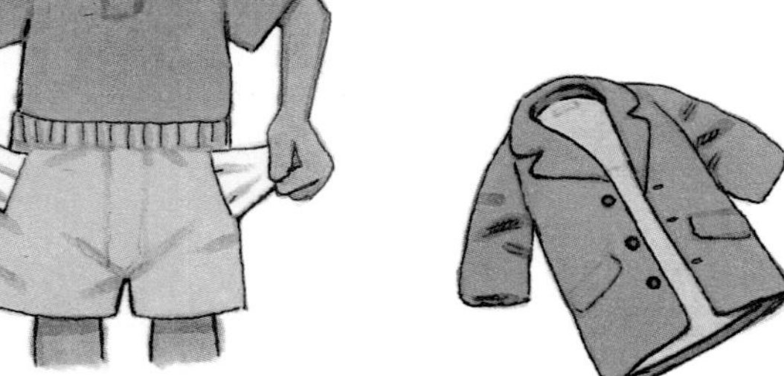

ポケット poketto

コート kōto

ジャケット jaketto

やきゅうぼう yakyū-bō

ぼうし bōshi

ひと hito

コック kokku
ダンサー dansā
だんゆう danyū
じょゆう joyū
かしゅ kashu
うちゅうひこうし
uchū-hikōshi
けいかん keikan
ふじんけいかん
fujin-keikan
にくや nikuya
だいく daiku
しょうぼうし
shōbōshi
がか gaka
さいばんかん saibankan
せいびし seibishi

びようし biyōshi

トラックのうんてんしゅ torakku no untenshu

バスのうんてんしゅ
basu no untenshu

ウェイター
ueitā

ウェイトレス
ueitoresu

ゆうびんはいたつにん
yūbin-haitatsunin

はいしゃ haisha

せんすいふ sensuifu

ペンキや penkiya

パンや panya

かぞく kazoku

むすこ
musuko
おとうと
otōto

むすめ
musume
あね
ane

はは haha
つま tsuma

ちち chichi
おっと otto

おば oba

おじ oji

いとこ itoko

そふ sofu

そぼ sobo

どうさ dōsa

わらう warau
ほほえむ hohoemu
なく naku
かんがえる kangaeru
きく kiku
うけとる uketoru
なげる nageru
こわす kowasu
えがく egaku
かく kaku
たたききる tataki-kiru
きる kiru
たべる taberu
はなす hanasu
ほる horu
はこぶ hakobu
のむ nomu
つくる tsukuru
とぶ tobu
はう hau
おどる odoru
あらう arau
あむ amu

みる miru
のぼる noboru
あそぶ asobu
とる toru
はねる haneru
ねる neru
けんかする kenka-suru
ぬう nuu
まつ matsu
かくれる kakureru
かう kau
りょうりする ryōri-suru
よむ yomu
おす osu
うたう utau
ふく fuku
ひく hiku
はく haku
つむ tsumu
ころぶ korobu
あるく aruku
はしる hashiru
すわる suwaru

はんたいのことば

hantai no kotoba

そと soto
なか naka
かんたん kantan
むずかしい muzukashii
から kara
いっぱい ippai
やわらかい yawarakai
かたい katai
まえ mae
たかい takai
おそい osoi
はやい hayai
うしろ ushiro
ひくい hikui
ながい nagai
みじかい mijikai
かれた kareta
さいている saiteiru
くらい kurai
あかるい akarui
にかい nikai
ふるい furui
みぎ migi
あたらしい atarashii
いっかい ikkai

いろいろなひ iroirona-hi

あさ asa

ゆうがた yūgata

よる yoru

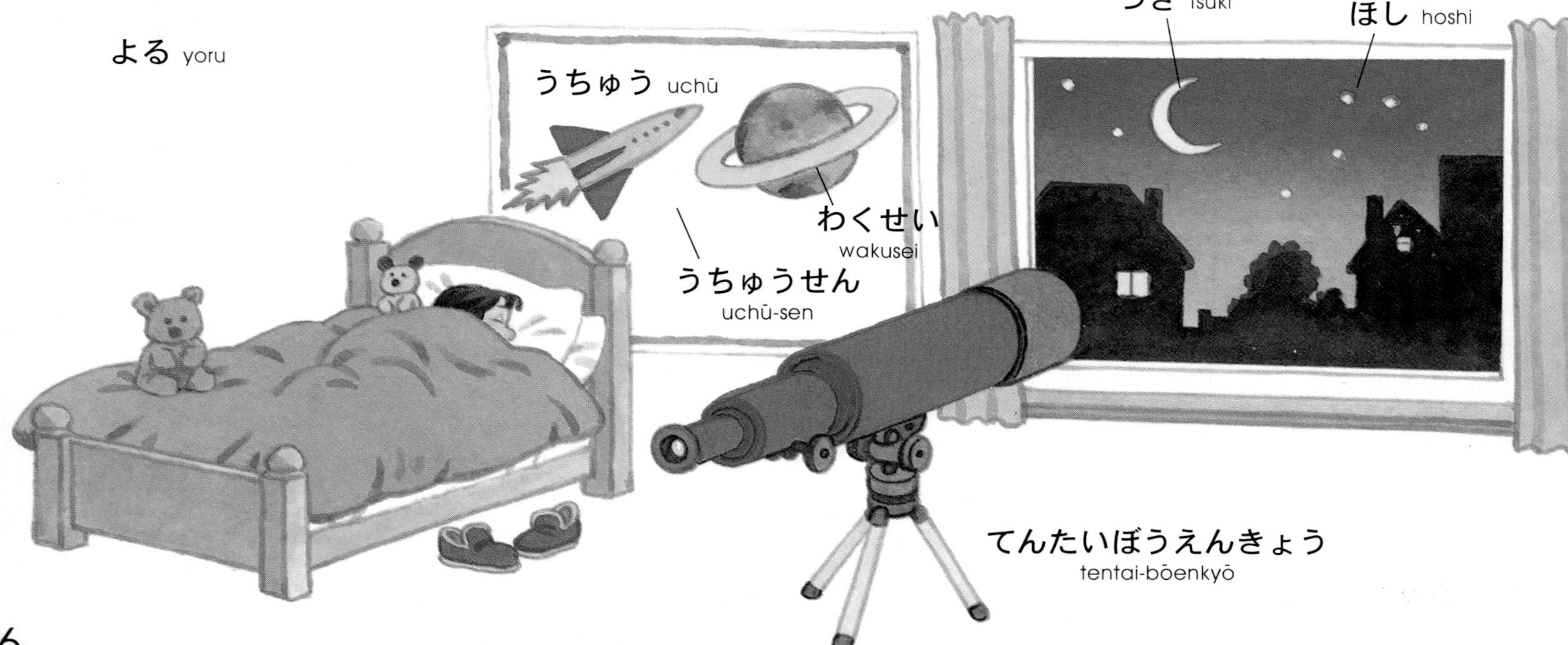

とくべつなひ tokubetsuna-hi

たんじょうび
tanjōbi

たんじょうびのカード
tanjōbi no kādo

ろうそく rōsoku

プレゼント purezento

たんじょうびのケーキ
tanjōbi no kēki

きゅうか kyūka

けっこんしき kekkon-shiki

ブライズ・メイド
buraizu meido

はなよめ
hana-yome

はなむこ
hana-muko

カメラ kamera

カメラマン kamera-man

クリスマス kurisumasu

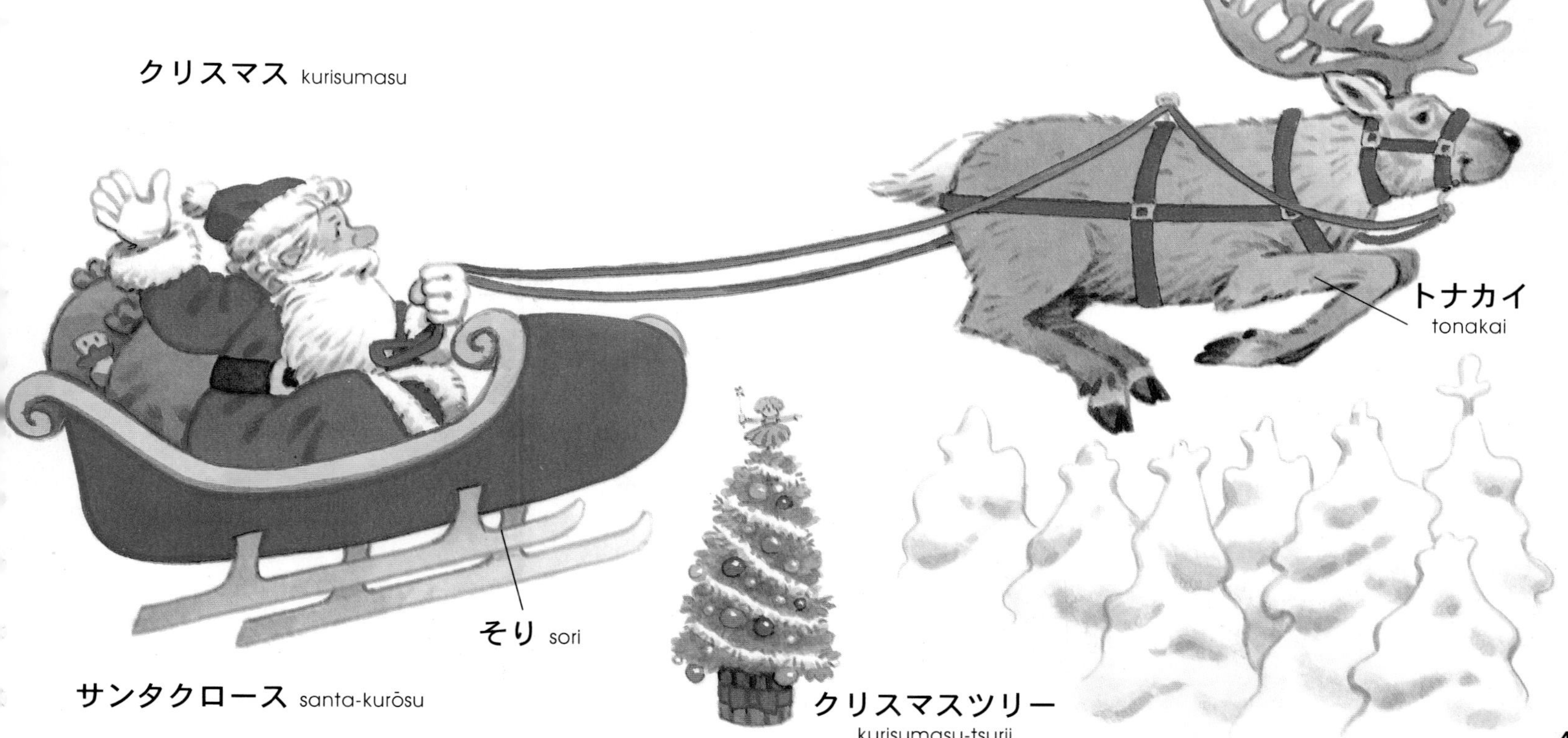

トナカイ
tonakai

そり sori

サンタクロース santa-kurōsu

クリスマスツリー
kurisumasu-tsurii

てんき tenki

たいよう taiyō

くも kumo

そら sora

かさ kasa

あめ ame

かみなり kaminari

きり kiri

ゆき yuki

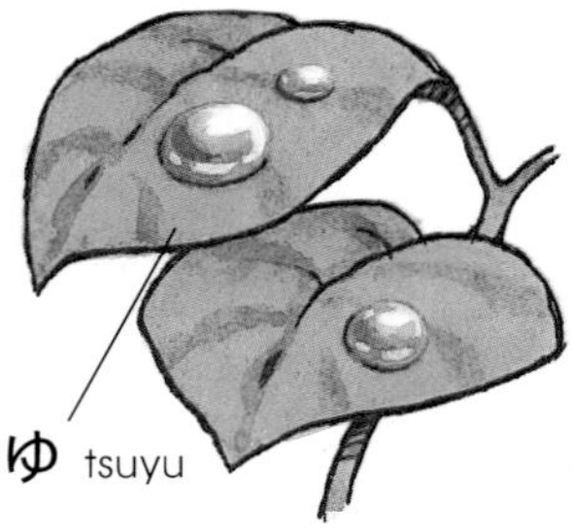

つゆ tsuyu

かぜ kaze

かすみ kasumi

しも shimo

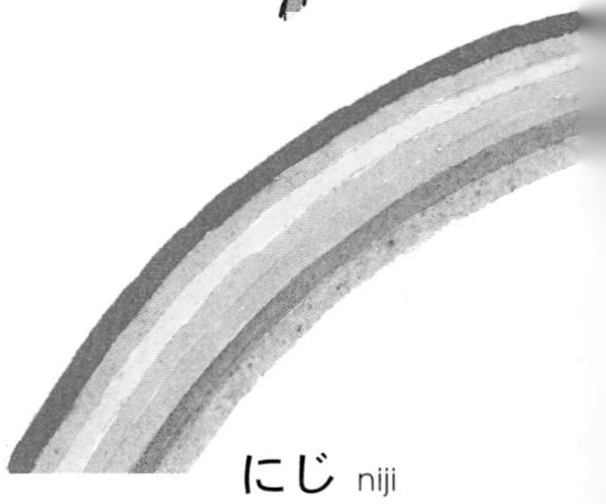

にじ niji

きせつ kisetsu

はる haru

なつ natsu

あき aki

ふゆ fuyu

ペット petto

じゅうい jūi
ハムスター hamusutā
いぬごや inu-goya
モルモット morumotto
てのりぶんちょう
tenori-bunchō
いぬ inu
こいぬ ko-inu
おうむ ōmu
えさ esa
くちばし
kuchibashi
カナリア kanaria
とりかご torikago
うさぎ usagi
ねこ neko
バスケット basuketto
こねこ ko-neko
ぎゅうにゅう
gyūnyū
きんぎょ kingyo
ねずみ nezumi

スポーツとうんどう supōtsu to undō

まと mato
ハングライダー
hanguraidā
アーチェリー ācherii
ヘルメット herumetto
ジョギング jogingu
じてんしゃ jitensha
ロッククライミング
rokku-kuraimingu
じゅうどう jūdō
ロッカー rokkā
うま uma
こうま ko-uma
サッカー sakkā
じょうば jōba
こういしつ kōi-shitsu
スケートぐつ
sukēto-gutsu
バトミントン
batominton
たっきゅう takkyū
アイススケート aisu-sukēto
ストック sutokku
スキーリフト sukii-rifuto
スキーいた
sukii-ita
スキー sukii
すもう sumō

いろ iro

くろ kuro

だいだいいろ daidai-iro

みどり midori

はいいろ hai-iro

あか aka

ちゃいろ cha-iro

ピンク pinku

しろ shiro

あお ao

むらさき murasaki

きいろ ki-iro

かたち katachi

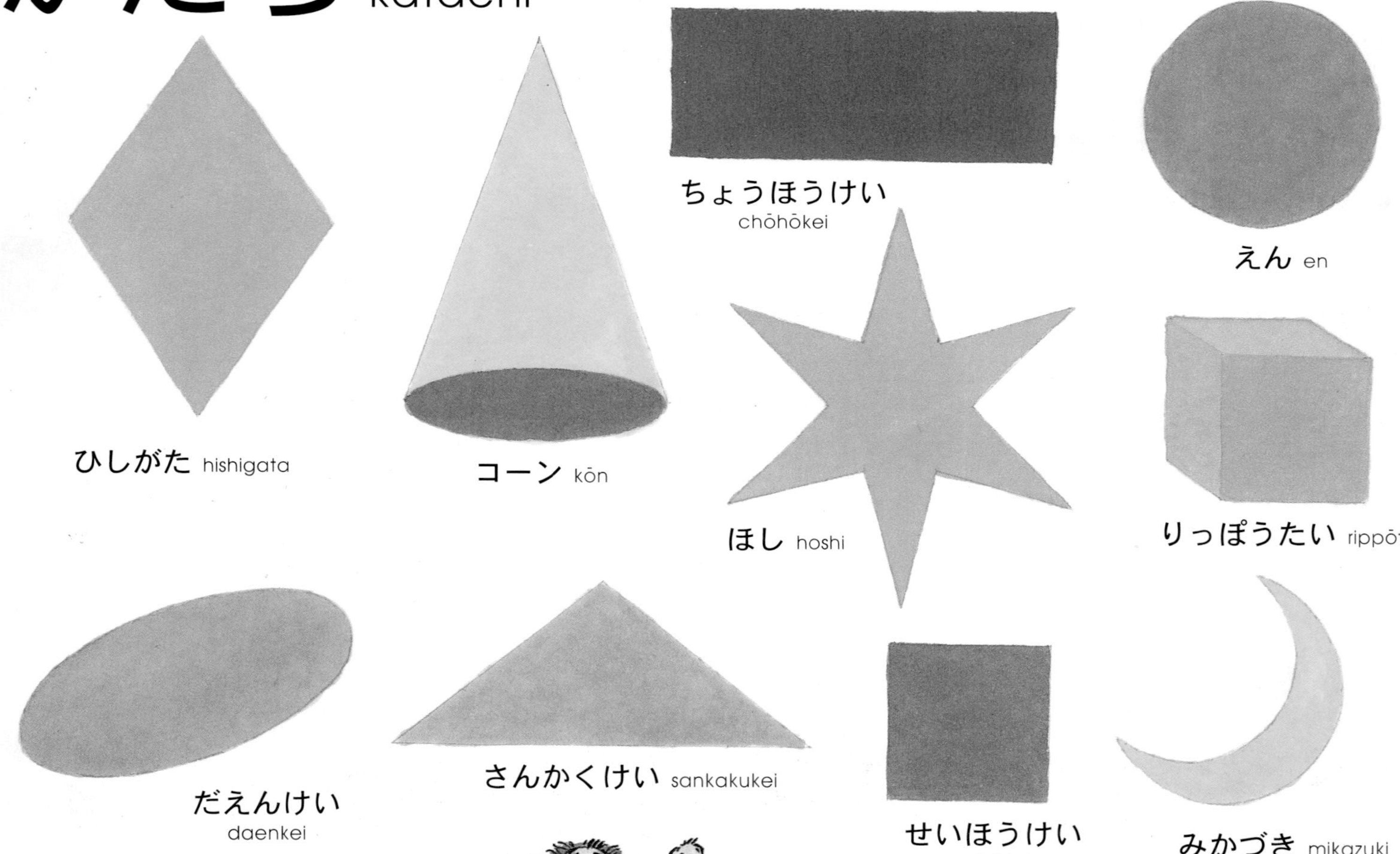

ちょうほうけい chōhōkei

えん en

ひしがた hishigata

コーン kōn

ほし hoshi

りっぽうたい rippōtai

だえんけい daenkei

さんかくけい sankakukei

せいほうけい seihōkei

みかづき mikazuki

かず kazu

1 いち ichi

2 に ni

3 さん san

4 し shi

5 ご go

6 ろく roku

7 しち shichi

8 はち hachi

9 きゅう kyū

10 じゅう jū

11 じゅういち jūichi

12 じゅうに jūni

13 じゅうさん jūsan

14 じゅうし jūshi

15 じゅうご jūgo

16 じゅうろく jūroku

17 じゅうしち jūshichi

18 じゅうはち jūhachi

19 じゅうきゅう jūkyū

20 にじゅう nijū

ゆうえんち yūenchi

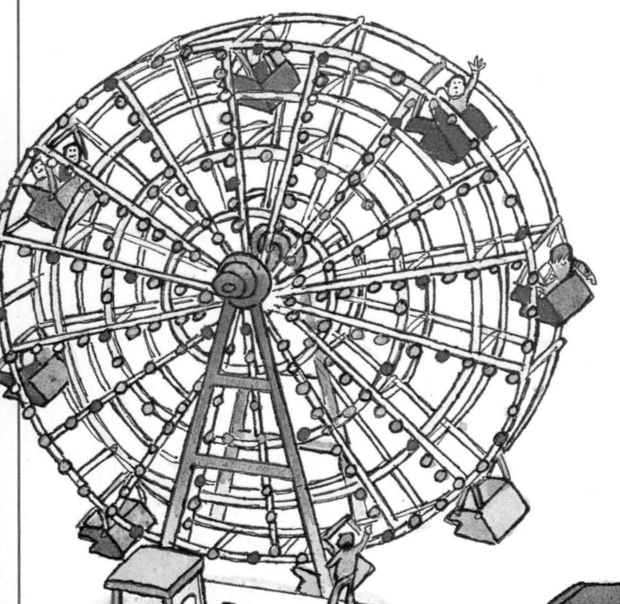

メリーゴーランド
merii-gō-rando

マット
matto

すべりだい suberidai

かんらんしゃ kanransha

おばけやしき obake-yashiki

わなげ wanage

ポップコーン poppu-kōn

ジェットコースター jetto-kōsutā

しゃげき shageki

ゴーカート gō-kāto

わたあめ wata-ame

サーカス sākasu

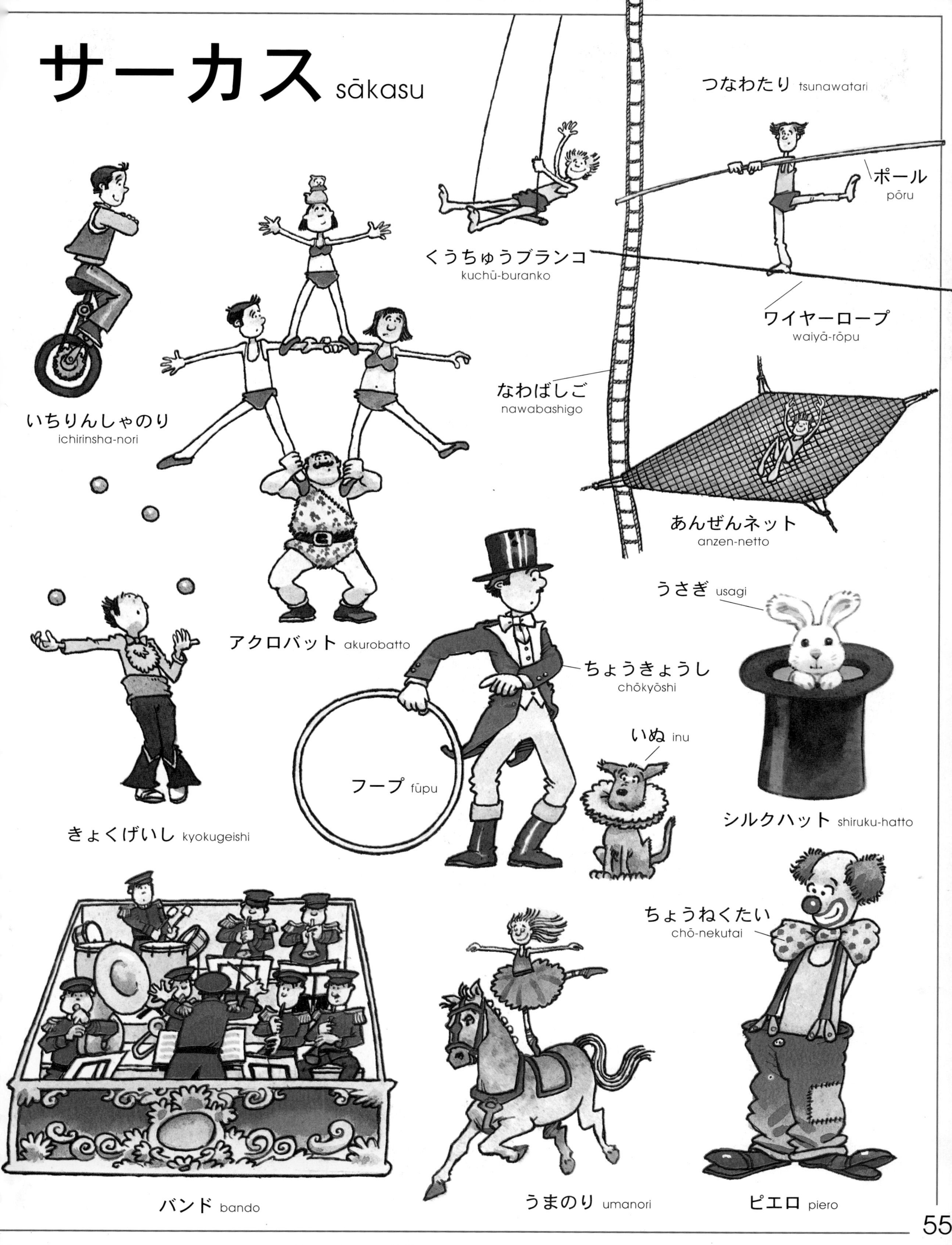

つなわたり tsunawatari
ポール
pōru
くうちゅうブランコ
kuchū-buranko
ワイヤーロープ
waiyā-rōpu
なわばしご
nawabashigo
いちりんしゃのり
ichirinsha-nori
あんぜんネット
anzen-netto
うさぎ usagi
アクロバット akurobatto
ちょうきょうし
chōkyōshi
いぬ inu
フープ fūpu
シルクハット shiruku-hatto
きょくげいし kyokugeishi
ちょうねくたい
chō-nekutai
バンド bando
うまのり umanori
ピエロ piero

Word list

In this list, you can find all the Japanese words in the book. For each double page, the Japanese words are shown in our alphabet, and next to each one you can see its English translation.

The translations match the pictures, so if the picture shows leaves, the translation is "leaves", not "leaf". In Japanese, though, there is usually no difference between singular and plural (one and many), so "leaf" and "leaves" are both "ha".

To know how you should say the Japanese words, look at page 2.

pages 4-5

uchi	**home**
yokushitsu	**bathroom**
ima	**living room**
shinshitsu	**bedroom**
genkan	**hall**
ofuro	bathtub
sekken	soap
jaguchi	faucet
toiretto-pēpā	toilet paper
ha-burashi	toothbrush
mizu	water
toire	toilet
suponji	sponge
senmendai	sink
shawā	shower
taoru	towel
hamigakiko	toothpaste
rajio	radio
kusshon	cushion
shiidii	CD
jūtan	carpet
sofā	sofa
rajiētā	radiator
bideo	video
shinbun	newspaper
tēburu	table
tegami	letters
kaidan	stairs
denwa	telephone
bōshi-kake	hat pegs
e	pictures
ranpu	lamp
burashi	brush
kagami	mirror
tansu	chest of drawers
makura	pillow
yōfuku-dansu	wardrobe
shikimono	rug
shiitsu	sheet
kushi	comb
kakebuton	comforter
isu	chair
beddo	bed

pages 6-7

daidokoro	**kitchen**
reizōko	refrigerator
koppu	cups
tokei	clock
koshikake	stool
kosaji	teaspoons
suitchi	light switch
senzai	laundry detergent
kagi	key
doa	door
denki-sōjiki	vacuum cleaner
nabe	saucepans
fōku	forks
epuron	apron
airon-dai	ironing board
gomi	trash
fukin	dish towel
kōhii-kappu	coffee cups
matchi	matches
tawashi	scrub brush
owan	bowls
shokki-dana	cupboard
airon	iron
osara	plates
supūn	spoons
renji	stove
furaipan	frying pan
ukezara	saucers
hikidashi	drawer
chiritori	dustpan
sentakuki	washing machine
hōki	broom
tairu	tiles
hataki	dust cloth
moppu	mop
naifu	knives
yakan	kettle
nagashi	sink

pages 8-9

niwa	**yard**
te-oshi-ichirinsha	wheelbarrow
mitsubachi no su	beehive
katatsumuri	snail
renga	bricks
hato	pigeon
suki	spade
tentō-mushi	ladybug
gomi-ire	trash can
tane	seeds
koya	shed
mimizu	worm
hana	flowers
supurinkurā	sprinkler
kuwa	hoe
suzume-bachi	wasp
kusa	grass
ubaguruma	baby buggy
hashigo	ladder
takibi	bonfire
hōsu	hose
onshitsu	greenhouse
bō	sticks
tori no su	bird's nest
kumade	rake
kemushi	caterpillar
kemuri	smoke
ki	tree
ha	leaves
ko-michi	path
shibakariki	lawn mower
mataguwa	fork
kakine	hedge
hone	bone
shaberu	trowel
mitsubachi	bee
jōro	watering can

pages 10-11

sagyōba	**workshop**
manriki	vice
kami-yasuri	sandpaper
doriru	drill
hashigo	ladder
nokogiri	saw
ogakuzu	sawdust
karendā	calendar
dogū-bako	tool box
sukuryū-doraibā	screwdriver
ita	plank
kanna-kuzu	wood shavings
pen-naifu	penknife
zaimoku	wood
kugi	nails
sagyōdai	workbench
bin	jars
kanna	wood plane
kan-penki	paint can
yasuri	file
hanmā	hammer
makijaku	tape measure
ono	axe
hae	fly
taru	barrel
kumo no su	cobweb
oya-neji	nuts
boruto	bolts
kumo	spider
byō	tacks
neji	screws

pages 12-13

tōri	**street**
mise	store
ana	hole
kissaten	café
kyūkyūsha	ambulance
hodō	pavement
antena	antenna
entotsu	chimney
yane	roof
shunsetsuki	digger
hoteru	hotel
otoko	man
patokā	police car
paipu	pipes
doriru	drill
gakkō	school
undō-jō	playground
jitensha	bicycle
shōbō-sha	fire engine
keikan	policeman
kuruma	car
onna	woman

gaitō	lamp post
apāto	apartments
ōtobai	motorcycle
fumidan	steps
ichiba	market
ie	house
tōrerā	trailer
rōrā	steamroller
raito-ban	van
eiga-kan	movie theater
kōtsū-shingō	traffic lights
torakku	truck
kōjō	factory
ōdan-hodō	crosswalk
takushii	taxi
basu	bus

pages 14-15

omochaya	**toy shop**
kisha-setto	train set
saikoro	dice
rekōdā	recorder
robotto	robot
doramu	drums
nekkuresu	necklace
kamera	camera
biizu	beads
ningyō	dolls
gitā	guitar
yubiwa	ring
ningyō no ie	doll's house
fue	whistle
tsumiki	blocks
o-shiro	castle
sensuikan	submarine
toranpetto	trumpet
ya	arrows
kurēn	crane
nendo	clay
teppō	gun
heitai	soldiers
enogu	paints
roketto	rocket
uchū-hikōshi	spacemen
piano	piano
ayatsuri-ningyō	puppets
bii-dama	marbles
chokin-bako	money box
mokuba	rocking horse
rēshingu-kā	racing car
omen	masks
rōrā	steamroller
fueisu-peinto	face paints
bōto	boat
parashūto	parachute
yumi	bow
hāmonika	harmonica

pages 16-17

kōen	**park**
buranko	swings
sunaba	sandbox
pikunikku	picnic
tako	kite
aisukuriimu	ice cream
inu	dog
mon	gate
ko-michi	path
kaeru	frog
suberidai	slide
otamajakushi	tadpoles
ike	lake
rōrā-sukēto	roller skates
yabu	bush
kadan	flower bed
hakuchō	swans
hikihimo	dog leash
kamo	ducks
ki	trees
nawatobi	jump rope
ko-gamo	ducklings
mizu-tamari	puddle
ito	string
yotto	toy boat
mari	ball
saku	fence
tori	birds
sanrinsha	tricycle
kodomo	children
shiisō	seesaw
te-oshi-guruma	stroller
tsuchi	dirt
sukētobōdo	skateboard
akanbō	baby
benchi	bench

pages 18-19

dōbutsuen	**zoo**
panda	panda
washi	eagle
tsubasa	wing
kaba	hippopotamus
saru	monkey
shippo	tail
kōmori	bat
gorira	gorilla
kangarū	kangaroo
mae-ashi	(front) paws
ōkami	wolf
wani	crocodile
pengin	penguin
hyōzan	iceberg
kuma	bear
perikan	pelican
dachō	ostrich
hane	feathers
iruka	dolphin
raion	lion
yōjū	cubs
kirin	giraffe
shika	deer
tsuno	horns
rakuda	camel
azarashi	seal
kame	tortoise
zō	elephant
zō no hana	trunk (elephant)
shiro-kuma	polar bear
sai	rhinoceros
yagyū	buffalo
biibā	beaver
yagi	goat
shima-uma	zebra
hebi	snake
same	shark

kujira	whale
tora	tiger
hyō	leopard

pages 20-21

ryokō	**travel**
eki	**station**
gasorin-sutando	**gas station**
hikōjō	**airport**
senro	train track
enjin	engine
kanshōki	buffers
kyakusha	railway cars
untenshu	train engineer
kasha	freight train
puratto-hōmu	platform
shashō	ticket inspector
sūtsukēsu	suitcase
jōshaken-hanbaiki	ticket machine
shingō	signals
ryukkusakku	backpack
heddo-raito	headlights
enjin	engine
sharin	wheel
denchi	battery
gasorin-tankurōrii	oil tanker
supana	wrench
taiya	tire
bonnetto	hood (car)
oiru	oil
gasorin-ponpu	gas pump
rekkā-sha	tow truck
gasorin	gasoline
toranku	trunk (car)
sensha	car wash
pairotto	pilot
suchuwādo	flight attendant (man)
kanseitō	control tower
kassōro	runway
suchuwādesu	flight attendant (woman)
hikōki	plane
herikoputā	helicopter

pages 22-23

inaka	**country**
fūsha-goya	windmill
netsu-kikyū	hot-air balloon
chō-cho	butterfly
tokage	lizard
ishi	stones
kitsune	fox
ogawa	stream
michi-shirube	signpost
hari-nezumi	hedgehog
sui-mon	canal
risu	squirrel
mori	forest
anaguma	badger
kawa	river
michi	road
iwa	rocks
hikigaeru	toad
densha	train
kyanpingu-kā	camper
oka	hill
tsuri-bito	fisherman
mogura	mole
kogitsune	fox cubs
tonneru	tunnel
fukurō	owl
taki	waterfall
hashike	barge
hashi	bridge
ga	moth
mura	village
maruta	logs
unga	canal
tento	tents
yama	mountain

pages 24-25

nōjō	**farm**
hoshikusa no yama	haystack
bokuyō-ken	sheepdog
ahiru	ducks
ko-hitsuji	lambs
ike	pond
hiyoko	chicks
yane-ura	loft
buta-goya	pigsty
o-ushi	bull
ahiru no ko	ducklings
niwatori-goya	hen house
torakutā	tractor
gachō	geese
tanku-sha	tanker
naya	barn
nukarumi	mud
te-oshi-guruma	cart
hoshi-kusa	hay
hitsuji	sheep
wara-taba	straw bales
uma	horse
buta	pigs
nōka	farmhouse
kakashi	scarecrow
shichimenchō	turkeys
hitsujikai	shepherdess
ko-buta	piglets
uma-goya	stable
kaju	orchard
suki	plow
me-ushi	cow
ushi-goya	cowshed
sadoru	saddle
hei	fence
ko-ushi	calf
mendori	hens
sōgen	field
nōfu	farmer
ondori	rooster

pages 26-27

umibe	**seaside**
hansen	sailboat
umi	sea
ōru	oar
tōdai	lighthouse
shaberu	shovel
baketsu	bucket
hitode	starfish
suna no shiro	sandcastle
biichi-parasoru	umbrella

hata	flag
senin	sailor
kani	crab
kamome	seagull
shima	island
mōtā-bōto	motorboat
suijō-sukii	water skiing
mizugi	swimsuit
oiru-tankā	oil tanker
hamabe	beach
bōto	rowboat
oritatami-isu	deck chair
sakana	fish
roba	donkey
ashi-bire	flippers
tsuri-bune	fishing boat
mizu-kaki	paddle
ami	net
kaisō	seaweed
koishi	pebbles
rōpu	rope
kanū	canoe
fune	ship
gake	cliff
natsu no bōshi	sunhat
nami	waves
kai	shell

pages 28-29

gakkō	**school**
hasami	scissors
keisan	calculation
keshigomu	eraser
monosashi	ruler
shashin	photographs
fueruto-pen	felt-tip pens
gabyō	thumb tacks
enogu	paints
otoko no ko	boy
enpitsu	pencil
tsukue	desk
hon	books
pen	pen
nori	glue
chōku	chalk
e	drawing
doa no totte	door handle
shokubutsu	plant
chikyūgi	globe
onna no ko	girl
kureyon	crayons
sutando	lamp
iizeru	easel
buraindo	blind
kami	paper
suisō	aquarium
bajji	badge
arufabetto	alphabet
nōto	notebook
yuka	floor
kabe	wall
tenjō	ceiling
fude	paint brush
chizu	map
hako	box
sensei	teacher
gomibako	wastepaper basket
kokuban	board

pages 30-31

byōin	**hospital**
isha	**doctor**
kangofu	nurse
dasshimen	cotton
kusuri	medicine
erebētā	elevator
gaun	bathrobe
matsuba-zue	crutches
jōzai	pills
o-bon	tray
ude-dokei	watch
taionkei	thermometer
kāten	curtain
gibusu	cast
hōtai	bandage
kuruma-isu	wheelchair
jiguzō-pazuru	jigsaw puzzle
isha	doctor
chūshaki	syringe
terebi	television
nemaki	nightgown
pajama	pajamas
orenji	orange
tisshu-pēpā	tissues
manga	comic
machiai-shitsu	waiting room
tsue	cane
omutsu	diaper
kādo	cards
nashi	pear
omocha	toys
kago	basket
budō	grapes
banana	banana
bando-eido	bandaid
konpyūtā	computer
surippa	slippers
ringo	apple
tedibea	teddy bear

pages 32-33

pātii	**party**
fūsen	balloon
chokorēto	chocolate
okashi	candy
mado	window
hanabi	fireworks
ribon	ribbon
kēki	cake
sutorō	straw
rōsoku	candle
kami-kusari	paper chains
omocha	toys
sandoitchi	sandwich
batā	butter
kukkii	cookie
chiizu	cheese
pan	bread
tēburu-kurosu	tablecloth
denkyū	light bulb
ichigo	strawberry
ki-ichigo	raspberry
furūtsu-jūsu	fruit juice
sakuranbo	cherry
kasō-fuku	costume

poteto-chippusu	potato chips
sōsēji	sausage
kasetto-tēpu	cassette tape
sarami	salami
mikan	tangerine
purezento	presents

pages 34-35

omise	**grocery store**
gurēpu-furūtsu	grapefruit
ninjin	carrot
karifurawā	cauliflower
nira	leek
masshurūmu	mushroom
kyūri	cucumber
remon	lemon
serori	celery
apurikotto	apricot
meron	melon
tamanegi	onion
kyabetsu	cabbage
momo	peach
retasu	lettuce
saya-endō	peas
tomato	tomato
jaga-imo	potatoes
hōrensō	spinach
ingen	beans
reji	checkout
kabocha	pumpkin
tororii	shopping cart
kanzume	cans
o-kane	money
saifu	coin purse
hando-baggu	purse
botoru	bottles
basuketto	basket
yōguruto	yogurt
pain	pineapple
niku	meat
bin	jars
hakari	scales
komugiko	flour
puramu	plum
tamago	eggs
kaimono-bukuro	carrier bag
chiizu	cheese
kudamono	fruit
yasai	vegetables

pages 36-37

tabemono	**food**
asa-gohan	breakfast
hiru-gohan	lunch
yude-tamago	boiled egg
kōhii	coffee
medama-yaki	fried egg
tōsuto	toast
jamu	jam
kuriimu	cream
gyūnyū	milk
kōn-furēku	cornflakes
kokoa	hot chocolate
satō	sugar
hachimitsu	honey
shio	salt
koshō	pepper
kōcha	tea
tiipotto	teapot
hotto-kēki	pancakes
rōru-pan	rolls
ban-gohan	supper
hamu	ham
sūpu	soup
omuretsu	omelette
hashi	chopsticks
sarada	salad
hanbāgā	hamburger
tori-niku	chicken
gohan	rice
sōsu	sauce
supagettii	spaghetti
masshu-poteto	mashed potatoes
piza	pizza
furaido-poteto	french fries
dezāto	dessert

pages 38-39

watashi	**me, I**
atama	head
kami	hair
kao	face
ude	arm
hiji	elbow
onaka	tummy
ashi	leg
tsumasaki	toes
ashi	foot
hiza	knee
mayuge	eyebrow
me	eye
hana	nose
hoho	cheek
kuchi	mouth
kuchibiru	lips
ha	teeth
shita	tongue
ago	chin
mimi	ears
kubi	neck
kata	shoulders
mune	chest
senaka	back
oshiri	bottom
te	hand
oya-yubi	thumb
yubi	fingers
watashi no yōfuku	**my clothes**
sokkusu	socks
pantsu	underwear
ranning-shatsu	undershirt
zubon	pants
jiipan	jeans
tiishatsu	T-shirt
sukāto	skirt
shatsu	shirt
nekutai	tie
hanzubon	shorts
taitsu	tights
doresu	dress
janpā	sweater
torēnā	sweatshirt
kādigan	cardigan

sukāfu	scarf
hankachi	handkerchief
suniikā	sneakers
kutsu	shoes
sandaru	sandals
būtsu	boots
tebukuro	gloves
beruto	belt
bakkuru	buckle
jippā	zipper
kutsuhimo	shoelace
botan	buttons
botan no ana	button holes
poketto	pockets
kōto	coat
jaketto	jacket
yakyū-bō	baseball cap
bōshi	hat

pages 40-41

hito	**people**
danyū	actor
joyū	actress
kokku	chef
dansā	dancers
kashu	singers
nikuya	butcher
keikan	policeman
fujin-keikan	policewoman
uchū-hikōshi	astronaut
daiku	carpenter
shōbōshi	firefighter
gaka	artist
saibankan	judge
seibishi	mechanics
biyōshi	barber
torakku no untenshu	truck driver
basu no untenshu	bus driver
haisha	dentist
sensuifu	frogman
ueitā	waiter
ueitoresu	waitress
yūbin-haitatsunin	mail carrier
penkiya	painter
panya	baker

kazoku	**families**
musuko	son
otōto	younger brother
ani	older brother
musume	daughter
ane	older sister
imōto	younger sister
haha	mother
tsuma	wife
chichi	father
otto	husband
oba	aunt
oji	uncle
itoko	cousin
sofu	grandfather
sobo	grandmother

pages 42-43

dōsa	**doing things**
warau	laugh
hohoemu	smile
naku	cry
kangaeru	think
kiku	listen
uketoru	catch
nageru	throw
kowasu	break
egaku	paint
kaku	write
tataki-kiru	chop
kiru	cut
taberu	eat
hanasu	talk
horu	dig
hakobu	carry
nomu	drink
tsukuru	make
tobu	jump
hau	crawl
odoru	dance
arau	wash
amu	knit
asobu	play
miru	watch
noboru	climb
toru	take
kenka-suru	fight
neru	sleep
nuu	sew
haneru	skip
matsu	wait
ryōri-suru	cook
kakureru	hide
yomu	read
kau	buy
utau	sing
osu	push
haku	sweep
tsumu	pick
fuku	blow
hiku	pull
korobu	fall
aruku	walk
hashiru	run
suwaru	sit

pages 44-45

hantai no kotoba	**opposite words**
tōi	far
chikai	near
yoi	good
warui	bad
tsumetai	cold
atsui	hot
nureru	wet
kawaiteru	dry
ichiban-ue	top
ichiban-shita	bottom
kitanai	dirty
kirei	clean
ue	over
shita	under
futotta	fat
yaseta	thin
aku	open
shimaru	closed
chiisai	small
ōkii	big
sukunai	few
ōi	many

ichiban	first
saigo	last
hidari	left
migi	right
soto	out
naka	in
kantan	easy
muzukashii	difficult
kara	empty
ippai	full
yawarakai	soft
katai	hard
mae	front
ushiro	back
takai	high
hikui	low
osoi	slow
hayai	fast
nagai	long
mijikai	short
kareta	dead
saiteiru	alive
kurai	dark
akarui	light
furui	old
atarashii	new
nikai	upstairs
ikkai	downstairs

pages 46-47

iroirona-hi	**days**
getsu-yōbi	Monday
ka-yōbi	Tuesday
sui-yōbi	Wednesday
moku-yōbi	Thursday
kin-yōbi	Friday
do-yōbi	Saturday
nichi-yōbi	Sunday
karendā	calendar
asa	morning
taiyō	sun
yūgata	evening
yoru	night
uchū	space
uchū-sen	spaceship
wakusei	planet
tsuki	moon
hoshi	star
tentai-bōenkyō	telescope
tokubetsuna-hi	**special days**
tanjōbi	birthday
purezento	present
tanjōbi no kēki	birthday cake
rōsoku	candle
tanjōbi no kādo	birthday card
kyūka	vacation
kekkon-shiki	wedding day
buraizu meido	bridesmaid
hana-yome	bride
hana-muko	bridegroom
kamera-man	photographer
kamera	camera
kurisumasu	Christmas Day
santa-kurōsu	Santa Claus
sori	sleigh
kurisumasu-tsurii	Christmas tree
tonakai	reindeer

pages 48-49

tenki	**weather**
kasa	umbrella
ame	rain
kaminari	lightning
kiri	fog
yuki	snow
tsuyu	dew
sora	sky
taiyō	sun
kumo	clouds
kaze	wind
kasumi	mist
shimo	frost
niji	rainbow
kisetsu	**seasons**
haru	spring
natsu	summer
aki	autumn
fuyu	winter
petto	**pets**
jūi	vet
hamusutā	hamster
morumotto	guinea pig
inu-goya	kennel
ko-inu	puppy
inu	dog
esa	food
tenori-bunchō	parakeet
ōmu	parrot
kuchibashi	beak
usagi	rabbit
kanaria	canary
torikago	bird cage
neko	cat
basuketto	basket
nezumi	mouse
ko-neko	kitten
gyūnyū	milk
kingyo	goldfish

pages 50-51

supōtsu to undō	**sports & exercise**
basuketto-bōru	basketball
bōto-nori	rowing
sunō-bōdo	snowboarding
sēringu	sailing
uindo-sāfin	windsurfing
raketto	racket
tenisu	tennis
amerikan-futtobōru	American football
taisō	gym
kuriketto	cricket (sport)
karate	karate
tsuri-zao	fishing rod
tsuri	fishing
esa	bait
ragubii	rugby
dansu	dance
yakyū	baseball
bōru	ball
batto	bat
tobikomi	diving
pūru	swimming pool
suiei	swimming
rēsu	race
ācherii	archery

mato	target
hanguraidā	hang-gliding
jogingu	jogging
jūdō	judo
jitensha	cycling
rokku-kuraimingu	climbing
herumetto	helmet
batominton	badminton
sakkā	soccer
jōba	riding
uma	horse
ko-uma	pony
kōi-shitsu	changing room
rokkā	locker
takkyū	table tennis
aisu-sukēto	ice skating
sukēto-gutsu	ice skates
sukii	skiing
sutokku	ski pole
sukii-ita	ski
sukii-rifuto	chairlift
sumō	sumo wrestling

pages 52-53

iro	**colors**
daidai-iro	orange
midori	green
kuro	black
hai-iro	grey
aka	red
cha-iro	brown
shiro	white
ao	blue
pinku	pink
murasaki	purple
ki-iro	yellow
katachi	**shapes**
chōhōkei	rectangle
en	circle
hishigata	diamond
kōn	cone
hoshi	star
rippōtai	cube
daenkei	oval
sankakukei	triangle
seihōkei	square
mikazuki	crescent
kazu	**numbers**
ichi	one
ni	two
san	three
shi	four
go	five
roku	six
shichi	seven
hachi	eight
kyū	nine
jū	ten
jūichi	eleven
jūni	twelve
jūsan	thirteen
jūshi	fourteen
jūgo	fifteen
jūroku	sixteen
jūshichi	seventeen
jūhachi	eighteen
jūkyū	nineteen
nijū	twenty

pages 54-55

yūenchi	**fairground**
kanransha	Ferris wheel
merii-gō-rando	merry-go-round
suberidai	slide
matto	mat
wanage	ring toss
obake-yashiki	haunted house ride
poppu-kōn	popcorn
jetto-kōsutā	roller coaster
shageki	rifle range
gō-kāto	bumper cars
wata-ame	cotton candy
sākasu	**circus**
ichirinsha-nori	unicyclist
akurobatto	acrobats
kuchū-buranko	trapeze
nawabashigo	rope ladder
tsunawatari	tightrope walker
pōru	pole
waiyā-rōpu	tightrope
anzen-netto	safety net
kyokugeishi	juggler
fūpu	hoop
chōkyōshi	ring master
inu	dog
usagi	rabbit
shiruku-hatto	top hat
bando	band
umanori	bareback rider
chō-nekutai	bowtie
piero	clown

This revised edition first published in 1995 by Usborne Publishing Ltd, Usborne House 83-85 Saffron Hill, London EC1N 8RT.
Based on a previous title first published in 1979.

First published in America in March 1996.

Printed in Italy.